图解服务的细节
110

飲食店店長の仕事

优秀餐饮店长的11堂必修课

[日]田中司朗 著
王文君 译

人民东方出版传媒
People's Oriental Publishing & Media
东方出版社
The Oriental Press

图字：01-2021-3597 号

INSYOKUTEN TENTYOU NO SHIGOTO by Shirou Tanaka Copyright © Shirou Tanaka 2010
All rights reserved.

图书在版编目（CIP）数据

优秀餐饮店长的 11 堂必修课 /（日）田中司朗 著；王文君 译. —北京：东方出版社，2021.11
（服务的细节；110）
ISBN 978-7-5207-2369-5

Ⅰ.①优… Ⅱ.①田… ②王… Ⅲ.①饮食业—经营管理 Ⅳ.①F719.3

中国版本图书馆 CIP 数据核字（2021）第 185113 号

服务的细节 110：优秀餐饮店长的 11 堂必修课
(FUWU DE XIJIE 110: YOUXIU CANYIN DIANZHANG DE 11 TANG BIXIUKE)

作　　者：	［日］田中司朗
译　　者：	王文君
责任编辑：	崔雁行　吕媛媛
出　　版：	东方出版社
发　　行：	人民东方出版传媒有限公司
地　　址：	北京市西城区北三环中路 6 号
邮　　编：	100120
印　　刷：	北京文昌阁彩色印刷有限责任公司
版　　次：	2021 年 11 月第 1 版
印　　次：	2021 年 11 月第 1 次印刷
开　　本：	880 毫米×1230 毫米　1/32
印　　张：	8.125
字　　数：	148 千字
书　　号：	ISBN 978-7-5207-2369-5
定　　价：	58.00 元

发行电话：(010) 85924663　85924644　85924641

版权所有，违者必究
如有印装质量问题，我社负责调换，请拨电话：(010) 85924602　85924603

·引言·
人人都能成为实力派店长

"餐厅（restaurant）"一词源自拉丁语中表示"恢复"意思的"restaurare"，指通过吃下美味的食物而恢复活力。顾客会为了与家人、朋友或恋人度过欢乐的一刻前往餐饮店，而餐饮店也能够通过美味的料理和款待式的服务使顾客感到平和、幸福与活力，让他们获取迎接明天的能量。

凭借在连锁餐饮机构 20 年的实务经验（店长、管理层、营销部长）以及作为餐饮人才培养咨询师 15 年的经验，我持续不断地见证着因店长不同而使店面发生变化的实例，并深知其中的原委。

同时，在执笔连载 10 年的月刊《餐饮店经营》的《实力派店长的不同之处！》系列的过程中，我也听到了很多活跃在餐饮一线的年轻店长的真实声音。如今，这一数量已经达到 120 人。每次采访，我都会为他们对待工作的真挚、热情、优秀的人缘，以及思虑员工的深切之心所打动。

这些优秀的实力派店长都拥有以下共通点：

① EQ（心理智力指数）高，笑容真挚，工作积极；
② 心怀"志向"和"自豪感"；
③ 能立即执行自认为对的事情；
④ 具有优秀的领导力，拥有改变店面的力量；
⑤ 表扬方式、批评方式得当；
⑥ 重视小事，彻底贯彻执行；
⑦ 拥有上进心，不断磨炼自己。

具体内容将在第4章进行解说。其中，我感受最深的是这些实力派店长的EQ之高及其对店面和员工（包括短期工和兼职工）的情感之深。店长只有真情对待员工，受到爱护的员工才会热爱顾客，为顾客提供优质的服务。

本书对这些实力派店长的成功事例及餐饮店店长工作的基础进行了解说，提供了实务型指导，希望能够为以下读者提供参考。

●以成为餐饮店店长为目标的人

本书记述了餐饮店的基础（QSC）的原理原则和"款待精神"的重要性。希望读者能从本书列举的实力派店长的实例中学有所获。学习就是模仿，先模仿，后实践。对于以成为餐饮店店长为目标的人而言，本书是一本必看的案例集。

●以成为实力派店长为目标的人

本书汇集了对餐饮店店长有用的信息，详细介绍了成为实力派店长所需的所有关键点，包括领导力、对员工的指导及沟通方法、为扩大销售额创造忠实顾客等。无论是想向前迈出一步，还是想回归初心重新审视工作，本书均能提供支持。

●以成为营销部长、管理者为目标的人

对于在店长会议或店铺巡查中负责指导餐饮店店长的人而言，本书也十分有益。书中加入了我在客户（餐饮连锁店）方进行的咨询指导内容，以及在店长课程中提出的建议等。此外，本书还对商业界的食品服务经营管理学校的讲义内容进行了解说，这些都可以灵活运用于餐饮店的日常业务当中。

综上，本书对以成为餐饮店店长为目标的人、期望成为实力派店长的人、负责对餐饮店店长进行培训指导的人予以支持，是一本充满具体解说与案例的实务手册。相信大家都能成为通过美味与贴心服务向他人传递活力与幸福的专家，并且愿意为此而不断学习、日日精进。如果本书能成为你日常工作的参考，我将备感荣幸。

本书的出版得到了商业界出版教育事业三部部长千叶哲幸

3

先生、负责企划《实力派店长的不同之处!》系列(连载中)的月刊《餐饮店经营》的主编梅泽聪先生和给予我莫大帮助的千岛庆子先生的支持。在此,对以上三位先生表达衷心的感谢!

田中司朗

目录
Contents

引言　人人都能成为实力派店长／1

01 餐饮店的基础（QSC）

1　QSC 是一切的基础／003
2　QSC 的水桶理论／005
3　兴旺店铺的方程式／008
4　工资是谁给的？／011
5　清洁与 5S 活动／013
6　区分"服务"与"款待"／016

02 店长的职责

1　餐饮店店长应具备的三种能力／023
2　店长的作用／025
3　"2∶6∶2 法则"／028

I

4　店长的工作是做准备 / 030

5　店长应关注的五个要点 / 033

6　确认店铺的运营状态 / 035

7　应对投诉的技巧 / 039

8　投诉应对实践 / 044

03 创造区域第一店

1　朝气蓬勃的问候 / 055

2　优雅地行礼 / 057

3　笑容第一 / 059

4　穿着打扮的清洁度 / 061

5　店内的清洁度 / 063

6　员工的规矩、礼仪 / 066

7　有针对性地记住顾客 / 068

04 实力派店长的姿态与执行力

1　七个姿态 / 073

2　八个执行要点 / 081

目 录

05 聘用员工的方法

1. 招聘员工的途径 / 094
2. 面试的五个步骤 / 098

06 员工的培养之术

1. 新人说明会的关键点 / 103
2. 新人研修的注意点 / 105
3. 员工手册的灵活运用 / 106
4. 作业训练的三个关键点 / 107
5. 导入员工晋升制度 / 109
6. 表扬方式、批评方式 / 112
7. 表扬的七个要点 / 114
8. 批评的七个要点 / 118
9. 提高女员工的积极性 / 122
10. 提高员工留存率的要点 / 125
11. 员工绽放光彩的真实瞬间 / 127

07 店长的领导力

1. 领导力的特质与皮格马利翁效应 / 131
2. 成为员工期望的领导 / 135
3. 杰克·韦尔奇的领导力 / 137
4. 实力派店长的思想准备 / 139

08 店长的沟通方式与动机

1. 在早会、晚会上共享信息 / 143
2. 高效传达信息 / 146
3. 通过"站立会议"强化沟通 / 148
4. 通过每月一次的全体会议加强团队合作 / 150
5. 兼职工给店长的一封信 / 152
6. 如何保持良好的人际关系？ / 155
7. 星巴克的"互相称赞机制" / 157

09 提高销售额的成功案例

1. 顾客忠诚度的可能性 / 163
2. 兴旺店铺的条件 / 165
3. 提高销售额的案例 / 170

10 店长的自我培养

1. 重视"非紧急重要事项" / 181
2. 拥有独特的擅长领域 / 183
3. 通过参观其他店铺查漏补缺 / 185
4. 自我投资 / 187
5. 常怀梦想 / 189

目录

11 事例：实力派店长的不同之处！

1 Casita
——青山店店长柳沼宪一 / 196

2 劳瑞斯牛肋排
——大阪店总经理河野博明 / 202

3 大阪梅田大阪烧本铺
——丰桥向山店女店长河合沙奈美 / 210

4 Cafe La Boheme
——茶屋町店店长原数马 / 216

5 KICHIRI
——秋叶原店店长清原康孝 / 222

附录 店长自我评价的 50 项基准 / 231

参考文献 / 241

V

01 餐饮店的基础（QSC）

· 1 ·
QSC 是一切的基础

Quality（质量）：稳定的高质量餐品。

Service（服务）：充满笑容的友善服务。

Cleanliness（清洁）：擦拭至反光程度的清洁度。

贯彻 QSC 操作标准是餐饮业（食品服务业）基础中的基础。美味的料理、令人舒心的服务、擦拭清洁的店内环境，提升这三个要素是餐饮业的原理原则，也是打造旺店的基础。

这个行业没有任何奇策存在。每个人只有通过踏实的工作和充满款待精神的服务，才能获得顾客的认可。对于每天都要面对顾客的服务人员而言，最重要的就是不断努力。

常言道：琐事勿轻忽，凡事要贯彻。每天发生的小事也不容懈怠，该做的事就应该贯彻执行。黄帽子（YellowHat）公司的创始人键山秀三曾说过："微弱差距、细微差距的累积最终会导致绝对差距。"某个经营旅馆的创业者也曾说过："虽然对于我们来说是每天都要做的重复性工作，但对于顾客来说那一天我们的服务就是一切。"

无论何时，都要以一种"今日开业"的紧张感面对工作，要像迪士尼乐园一样，以"每天都是首演"的心态来开展工作。店里拥有这种心态的员工越多，店就越强大。所以，餐饮店店长要时常思考"为了今天来到店里的顾客，现在能做什么、应该做什么"，然后再行动。

店长最重要的工作是通过落实 QSC 提升顾客满意度，增加顾客数量。顾客数量增加意味着店铺满意度提高，店面价值得到了广泛认可。同时，顾客数量也是顾客满意度的重要指标，满意度提升，顾客自然会多次光顾。而且，通过这些顾客的口口相传，餐饮店又能吸引来新顾客。所谓"顾客的背后有顾客"，口口相传才是最好的广告。

顾客会为了与重要的人度过美好的时光而来到店里。他们会被四季不同的料理吸引，在众多餐饮店中选择光顾你的店，然后向他人推荐。因此，店长必须贯彻执行 QSC，使顾客无论何时来到店里都能够满意，并将这份喜悦传达给下一位顾客。

店长要时常思考：餐饮店是为了什么、为了谁而存在的。

通过提供美味的料理和温馨的服务帮助每一位顾客创造回忆、构建幸福，这是我们的社会使命。我们从事的是不可替代的工作。

·2·
QSC 的水桶理论

顾客是水,餐饮店是水桶。水桶中装满水,销售额就会升高。但是如果餐饮(Q)或服务的质量(S)低下,店内卫生环境(C)差,水桶就会出现漏水孔,销售额就会如水位一般降低。

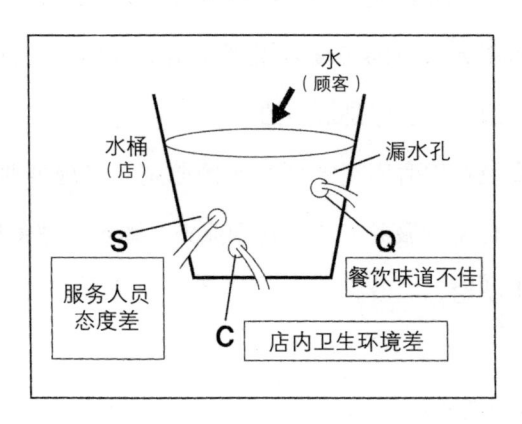

顾客对餐饮店的不满(投诉)集中在以下七点:

① 服务人员的态度差、用语不当(S);

② 上餐慢（S）；

③ 店内卫生环境差（C）；

④ 点餐速度慢（S）；

⑤ 餐饮味道不佳（Q）；

⑥ 在营业时间内打扫卫生——（S）；

⑦ 在顾客面前训斥员工（S）。

除此之外，还包括对卫生间脏、空调温度低、有烟味、服务人员过度打扰、有异物混入等方面的不满。

调查结果表明，顾客不满最多的是①和②，这两项占到了投诉的50%。也可以说，如果能够消除这两项，投诉就会减半。尤其是针对服务人员的态度及说话用语的投诉，在百货商店和超市等其他服务行业也是最多的。

美国高级百货商店诺德斯特龙的原副总经理贝西·桑德斯在其著作《传奇的服务》中，对企业失去顾客的理由进行调查，得出了以下结论。

① 1%→死亡；

② 3%→移居；

③ 5%→朋友的影响；

④ 9%→竞争对手企业的诱惑；

⑤ 14%→对餐品的不满；

⑥ 68%→服务人员漠不关心的态度。

也就是说,"服务人员漠不关心的态度"竟然会导致68%的顾客放弃这家店。此外,书中还称"抱有不满的顾客当中,实际说出口的只有6%,剩余的94%只会生闷气,以后不会再来了"。其中,不满程度较高的顾客还会对他们的朋友和熟人说起这件事,数字无法估量的负面影响就这样逐渐扩散开来。

为了向顾客提供更好的服务,诺德斯特龙设定了一项指标,那就是"只做你认为对顾客而言最好的事情"。通过将这一指标贯彻给员工,诺德斯特龙实现了"传奇的服务"。

我们要重视顾客,要时常把这一点放在第一位考虑,贯彻作为餐饮行业基础中的基础的QSC。希望各位店长能成为更好的指导者,努力对员工进行教育培训,避免出现因顾客不满导致水桶出现漏水孔的情况。

·3·
兴旺店铺的方程式

Q（质量）× S（服务）× C（清洁）× A（氛围）= 评价

针对上述"兴旺店铺的方程式"，我在店长研修课上经常这样询问各位店长："如果每个项目满分是5分的话，你的店能打几分？"

QSC是兴旺店铺的基础，而A代表"Atmosphere"，即氛围。

店长的回答大都是"3（Q）× 4（S）× 2（C）× 4（A）"。实际上，每次的结果都一样，A是4的话，S也几乎都是4（同理，A是2的话，S也是2），结果耐人寻味。店里的氛围与服务的质量似乎有很深的联系。也就是说，如果店长与员工的关系融洽，或者员工之间的团队协作良好，店里的氛围就会很好，就能够提供充满笑容与活力且细致周到的服务。

给每个项目都打"5分"的店长是极少的。一般认为，4项当中有 1 项能打 5 分就能成为兴旺店铺。容易发生投诉的大都出自 1 分和 2 分的项目。我们的目标就是努力消除 1 分和 2 分的项目，成为能够增加 5 分项目的店。[1]

某家连锁居酒屋的实力派店长成立了一个由短期工和兼职工组成的项目团队，以提升 QSC 的水平。

Q 班：确定推荐餐品，制作菜单（POP）。

S 班：确定提升服务需要做的功课（笑容、活力、问候等）。

C 班：彻底清扫（包括空调的过滤网、凳子腿、管道等细节部位），更换卫生间的壁纸。

SP 班：POP 的改善及信息网站的设计，甚至包括入口看板的制作（这一点也让我感到很震惊）。

这些都是由短期工和兼职工推进实施的，十分优秀。店长只负责确认进度情况，他说："我会让他们参与自己喜欢的项目。"他采取了激发人的优势使其积极活跃起来的做法，并且取得了成功。

激发才能有三个关键点：

① 非常喜欢；

②能够持续下去；

③追求更高层次。

请你务必尝试通过发挥短期工和兼职工的长处提升Q、S、C、A水平的方法。

·4·
工资是谁给的？

你是否被问到过："你的工资是谁给的？"

我曾担任某企业营销部部长。在进行新店开张最初的新人培训时，那家连锁店的总经理总是会问短期工和兼职工这个问题。当时我还纳闷："怎么又是这个话题？"直到现在我才明白，这对于兼职的学生而言是十分重要的商务基础问题。

当时，短期工和兼职工纷纷回答"是公司""是总经理""是店长""是财务部长"，几乎没有人回答"是顾客"。总经理每次都会笑着说："是顾客给的啊！顾客从众多的餐饮店中选择了我们，所以我们的工资是顾客给的。顾客眼中是没有总经理、店长、短期工、兼职工之分的，我们所有人都必须尽全力招待顾客。我们要时常以最好的产品、温馨的笑容、光亮整洁的店内环境来迎接顾客。"这位总经理的话至今仍萦绕于我的耳畔。

在餐饮连锁品牌形象第一的星巴克咖啡，短期工、兼职工也要接受80小时的初期培训。多达20000人的伙伴（员工）要接受咖啡师认证,做到能对星巴克咖啡的问题对答如流,且能以充满自信的态度接待顾客。

为了使所有员工都能毫不犹豫地回答出"你的工资是谁给的"这一问题,店长必须传授员工正确的企业理念和餐品知识,对他们进行待客礼仪和待客用语的训练。

·5·
清洁与 5S 活动

清洁（Cleanliness）是指"擦拭至反光的清洁度"。我在店长研修课中要求学员一定要把它熟记下来，因为它非常重要。

某清洗剂企业就是通过贯彻"清洁使国民繁盛"这一理念发展起来的。繁盛的原点在于"彻底的清洁度"，这是日本国家、企业和店铺的共识。尤其是在餐饮店中，针对不景气店面拟定的对策中最优先的事项就是清洁，它就是如此重要。如何维持正式开业时的清洁度，正是店长展现实力之处。

已经开业 25 年的东京迪士尼乐园至今仍维持着与开业时相同的清洁水平。此外，一些优秀的制造型企业也在一直贯彻执行"5S 活动"。

整理（Seiri）：明确区分需要和不需要的物品，扔掉不需要的物品；

整顿（Seiton）：将需要的物品放在方便使用的位置，做好标识，使其一目了然；

清扫（Seiso）：时常进行打扫，使空间保持洁净；

清洁（Seiketsu）：维持整理、整顿、清扫，即3S的状态；

素养（Shitsuke）：养成习惯，遵守规定。

如果餐饮店的厨房和后方区域也能做到5S，就可以节省大量寻找物品的时间，提升效率和质量，保障安全。坚持下去，自然会带来收益的提升。

某实力派店长提出了"打造优美的员工共享空间"这一清洁目标。办公室、员工更衣室、卫生间、鞋柜等得到整理整顿的餐饮店，店内会非常干净，服务会非常周到，这是我的切身感受。如果彻底追求清洁度的姿态能够影响到所有的短期工和兼职工，它就会作为优秀的企业文化被传承下去。

我担任营销部部长期间在检查店铺的清洁情况时，会特别注意三个方面。

第一，入口自动门轨道下面的凹槽。如果连这个凹槽都擦拭得很干净，没有一粒沙子，那么大厅的任何地方都会是干净的。

第二，厨房秤的脏污情况。如果秤的表面和背面都擦拭得很光亮，那么厨房的一切也都会保持得很干净。此外，取下垃圾袋后的垃圾箱的底部卫生情况也要确认。

第三，后方的鞋柜。不忘对鞋柜进行整理整顿的餐饮店，哪里都会保持洁净优美。

你经营的餐饮店清洁度合格吗？清洁的关键在于每天坚持打扫，仅此而已。建议你制作月度、周度、日度的清扫日程，让员工每天进行彻底打扫。

·6·
区分"服务"与"款待"

引导顾客、点餐、提供餐饮、收拾打扫是餐饮店的基本业务,也是餐饮店需要提供的"服务"。

那么,"款待"是什么呢?款待是指能够分别记住顾客的名字,说出"田中先生,感谢您的经常惠顾",或者拥有丰富的餐饮知识,能够向顾客推荐"这道菜将蔬菜和肉混合在一起吃会更美味"。待客周到,满面笑容,这些附加项都是款待。

员工与顾客之间不是单向的。通过双方的相互沟通,饮食的价值会提升,顾客的满意度也会随之升高。

也就是说,服务是必要的最低限度的业务,而款待是发自内心的招待,是迎合每一位顾客需求的、仅属于个人的定制服务。

服务与款待的概念[2]

	服务	款待
定义	必要的最低限度的业务 （劳动的职责）	发自内心的招待 识别 （顾客认知能力）
表现	行动的基础 （点餐、上菜、清理）	态度、姿势、笑容 双向沟通
性质	无论何时、何地、何人 针对所有顾客的 基础性服务	仅限此时、此地、此人 定制式的服务
人际关系	垂直（上下） 主人→仆人	水平（横向） 员工↔顾客 友好的
指南化	习惯	不习惯 （员工满意度）
培训	训练 （体育项目式）	监督 动力 （精神性、德育性）
本质	达成	发现 （顾客的名字、喜好、生日）
经济效果	通过推荐增加顾客单价 创造销售额	创造回头客
对应	Skill（技能）	Will（意愿）

下面介绍两个款待的例子。

第一个例子，是我抱着视察目的住在丽思卡尔顿大阪酒店时的经历。刚下出租车，门童就用满面笑容迎接我，接过我的包后走向入口。到了前台，工作人员对我说："田中先生，我们恭候您多时了。今天，我们为您准备了特别房间（会员楼层）。"被以姓氏称呼，让我切实感受到了私人服务的开始。会员楼层设置有奢华的休息区，一天五次免费提供简餐。在这片休息区，工作人员说着"欢迎您回来"热情地迎接我，让我感觉这就是我的第二个家（这正是这家酒店的理念）。

第二天清晨，休息区的工作人员察觉到我稍微有点感冒，于是提醒我说："您好像有点感冒，请您注意身体。"就是这样一点一滴的关心，让我一整天都能以舒畅的心情工作。

第二个例子，是我在"奇迹餐厅"——Casita（总部位于东京涩谷区）就餐时发生的事。时隔三年，我又来到了这家店。我和朋友两个人忘我地聊天时，工作人员只是默默地守在一旁。

但当我的朋友起身去洗手间的时候，店长过来了。他说："田中先生，您之前是在栃木的早川先生的介绍下来我们店的吧？"他不仅记得我的名字，甚至还记得3年前我们对话的内容。"我知道您是餐饮店的咨询师，在专业杂志上还有连载呢。"我打心底里感到震惊和佩服。充分地理解顾客，通过记住顾客的名字和喜好提升款待的质量。我由衷地赞叹店长识别顾客的能力之高。

　　温莎酒店洞爷店的洼山哲雄社长在其著作《服务哲学》(OS出版社）中说道："服务是对成千上万的人均等实施的，而款待是根据每位顾客的需求变化分别实施的。"他甚至明确地指出："款待是人类社会中最美的行为。"

02
店长的职责

·1·
餐饮店店长应具备的三种能力

餐饮店店长应具备三种能力。

第一，店铺运营能力。这是完成店铺内的所有工作与服务所需的、提升 QSC 操作水平的专业技能，也叫技术技能。

第二，管理能力。连锁店将店长定义为"店铺资产要求的必要营业利润责任人"。对员工进行培训教育、提升顾客满意度、增加客源、控制经费，从而增加利润，能够做到这些的人才被称为店长。

管理能力综合了三项被称为"C 能力"的内容，即对人进行管理的沟通（Communication）能力、对人进行调整（调整顾客、下属、总部）的协调（Coordination）能力，以及发挥创造性的创新（Creativity）能力。

以往，对连锁店店长要求更多的是能够切实执行总部发出的指示。但近年来，对于有自主思考和行动能力的自主型店长的需求正在逐渐增加。自主型店长需要有与员工进行讨论并切实执行的能力:通过持续"PDCA 的管理循环"[计划(Plan),执行(Do),评价(Check),行动(Action)]并将结果反映到下一步的计划当中,不断提升质量与服务。店长的管理能力事实上就是指"三项 C 能力+PDCA"。

第三,领导能力,即人性魅力,也叫人力技能。这是赋予店铺成员以动力、使其充满干劲儿的能力,不是一朝一夕就能掌握的。它要求店长时刻保持积极向上的态度,信任短期工和兼职工,时常关心员工,这样才能具备领导能力。

店长能力的基础是对店铺的爱护之心,是对员工和伙伴的感情。店铺的兴衰由店长的能力水平决定。作为已经成为店长或者以成为店长为目标的你来说,自身对此有深刻的认识很重要。

·2·
店长的作用

一般来说，一个人毕业进入公司之后，最快 3~5 年就能成为餐饮店店长。20 多岁成为店长、拥有 20~30 名员工、管理年销售额 1 亿日元的店面……这是餐饮店店长的特征，也可以说是魅力所在。

当然，既然年纪轻轻就管理这样重大的生意，对于店长的要求自然也是很严格的。那么，店长需要掌握哪些知识和技术，需要熟练开展怎样的工作呢？下面，我将对其职责和作用进行总结。

（1）提高顾客满意度

在擦拭清洁且舒适的店内，将精品料理（精心打造的推荐菜品等）以充满笑容的友好服务及时、迅速地提供给顾客，使顾客度过美好的用餐时光。为了实现这一目标，店长要与全体员工进行信息共享，不断改善问题点。

(2) 培养员工

在提高顾客满意度方面最重要的工作，就是员工的培养。只有录用高质量的人才，贯彻培训内部规则，切实开展技能训练，餐饮店才能为顾客提供高质量的QSC。同时，店长还需要强化沟通交流，为员工提供舒适的工作环境，制定提升员工动力的机制。

(3) 提升销售额（顾客数量）

一旦顾客满意度上升，顾客数量就会增加。增加顾客数量是通过获取新顾客和提升顾客来店频率实现的。餐饮店可以通过开展季节性打折活动、强化店铺正面形象等方式来宣传店铺魅力，从而增加新顾客。同时，与顾客积极对话也可以创造店铺粉丝（常客），谋求其来店频率的增加。此外，还可以通过在店内张贴海报或POP、布告板来介绍推荐菜单，利用互联网、打折券、DM、传单等积极开展促销活动。

(4) 控制成本，提升利润

人工费、原材料成本、水电燃气费是餐饮店的三大成本。制定正确的工作日程可以控制人工费，贯彻工作指南（食谱）可以抑制损耗、控制原材料成本，每日切实管理水电燃气费可以减少浪费。同时，通过合理的人员配置可以提升人均每小时的生产率。产生利润的关键有以下四点：①提高销售额；②提升毛利率；③降低各种费用；④提高生产效率。

店长必须是能创造出利润的人。

(5) 为公司和顾客进行各种管理

① 金钱管理：销售额、零钱、小额现金、应收账款（信贷）；

② 建筑设备管理：建筑、机械、器具、备品、消耗品等的管理；

③ 事务管理：人事劳务、录用、文件、营业日报；

④ 卫生管理：食材、员工的卫生，店铺的清洁；

⑤ 安全管理：火灾或地震等灾难的预防机制及应对举措、预防犯罪的机制及其他安全事故的应对举措。

努力防止违法案件和事故灾害，日常切实做好准备，确保发生问题时能够迅速且合理地应对，这些都是店长的应尽之责。

·3·
"2∶6∶2法则"

你知道"2∶6∶2法则"吗？它表示一般组织中人员的构成比例，指在组织当中，有2成拼命工作的优秀的人，6成普通工作的人，以及2成不怎么工作的人。拿餐饮店来说，就是2成优秀的员工积极引领，6成普通的员工按照指示作业，剩余的2成员工拖后腿的构成。你店里的人才比例是怎样的呢？

我担任营销部部长时统管过100名店长，完全符合这一比例：优秀且高效率的店长20人、能力一般的店长60人、尚且无法胜任店长一职的20人。优秀的店长具有领导力且上进心强，不用我说什么就会积极读书，进行店铺学习，立志成为管理者。我有意识地进行培训、指导的是那60人的普通店长，赋予其动力、谋求与他们的沟通交流，努力使他们达到优秀店长的水平。

对于短期工和兼职工也是一样。如何培训6成的短期工和兼职工，使其更加优秀，如何使优秀的短期工与兼职工增加到3~4成很重要。一旦优秀的短期工和兼职工超过5成，店面状态就会截然不同。"2∶6∶2"→"5∶3∶2"→"7∶3∶0"→"10∶0∶0",我希望能无限接近理想状态。

据说,2成优秀的学生短期工和兼职工随着毕业离开店里后,普通短期工和兼职工中会重新成长出2成优秀的短期工和兼职工。所以,当你开始负责店面时,首先要从培养那2成打头阵的团队开始,然后再逐渐提高这一比例。所谓管理,就是使普通人成为具有闪光点的达人。

·4·
店长的工作是做准备

有种说法是：店长的工作就是做准备。在营业之前的阶段做了什么，而不是营业本身，决定了店长能够获得怎样的评价。"录用优秀的短期工和兼职工"、"贯彻素养与内部规则"，以及"教育与培训"，在这三项上花费的时间和精力越多，培养的人才就越优秀，越能够为顾客提供更高满意度的服务。优秀的短期工和兼职工能够提供高质量的QSC，与顾客建立切实的接触，提升顾客满意度，带来顾客数量的增加和销售额的增长。

我在采访实力派店长时经常会询问短期工和兼职工的录用率，回答最多的是"2成、3成"，其中还有回答"1成"的，可以说相当严格。很多店长都对人才录用十分讲究。

有一位女店长，对于面试迟到的人坚决不予录用。此外，坐在上座位置的、在女店长坐下之前就喝茶的人也都不予录用。据说，这些都是基于她常年的经验做出的判断。虽然录用的基准会因店和店长的不同而有所不同，但无论哪个实力派店长都

02 | 店长的职责

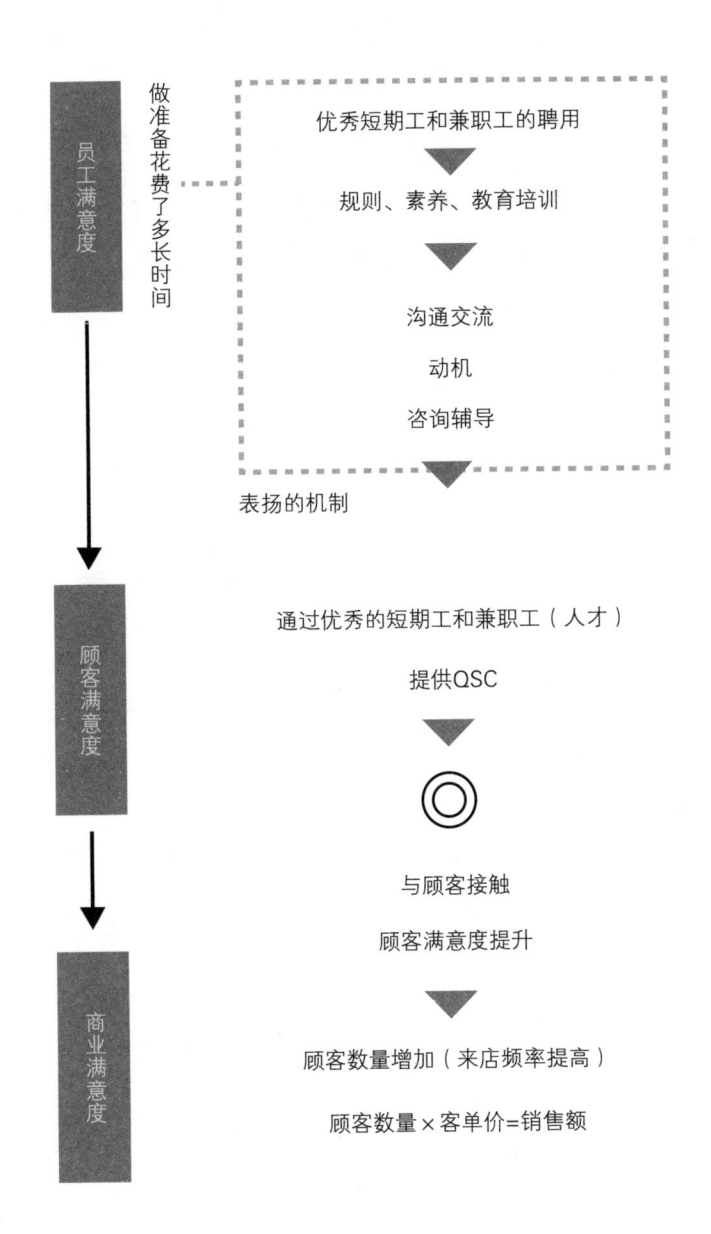

```
员工满意度 ←―― 做准备花费了多长时间
                ┌─────────────────────────┐
                │  优秀短期工和兼职工的聘用  │
                │          ▼               │
                │   规则、素养、教育培训     │
                │          ▼               │
                │        沟通交流           │
                │         动机              │
                │        咨询辅导           │
                │          ▼               │
                └─────────────────────────┘
                       表扬的机制
   ↓

顾客满意度       通过优秀的短期工和兼职工（人才）
                       提供QSC
                         ▼
                         ◎
                       与顾客接触
                     顾客满意度提升
                         ▼
   ↓              顾客数量增加（来店频率提高）

商业满意度         顾客数量×客单价=销售额
```

031

会以严格的目光审视应聘者能否在自己的店里充满活力地工作,然后再决定是否录用。

　　当然,即使是第一眼看上去并不适合服务行业的人,也可能因某种契机而发生令人刮目相看的变化。除了聘用优秀的人才,优秀餐饮店店长还要重视教育与培训。因为培养人,也是准备工作之一。

·5·
店长应关注的五个要点

高峰期时,店长在进行现场管控的同时应该关注哪里、如何关注?以下是五个要点。

(1) 顾客的表情和动作

对正在进餐的顾客的需求和满意度进行把握是非常重要的。当顾客站起身来向周围眺望时,可以推测他在寻找洗手间;当顾客放下菜单看向服务员时,证明他已经确定好点什么餐了;当顾客一直盯着服务员看时,应该是他想要说些什么,如上餐时间太慢了、要追加点餐等,这时就需要迅速进行判断,立刻赶到顾客身边。总之,店长和员工要时刻关注顾客,根据顾客的表情和动作读取顾客的需求并迅速着手应对。

(2) 员工的态度、说话用语、问候、表情和动作

顾客不满的第一位就是服务员的应对不佳。良好的态度和说话用语、切实的问候、发自内心的笑容、快速的走路方式等,店长要对员工的这些状态进行反复确认。此外,店长最好在工作间隙或工作告一段落时让员工及时关注自己，让员工养成随时通过店长的眼神接受指令的习惯。

（3）餐桌观察

中间撤盘或更换烟灰缸、推荐追加饮料等，餐桌周围的细心服务要自然且干净利落。要时刻观察，思考现在应该做什么，迅速并积极地采取行动。正所谓"1 Way 3 Jobs"，员工去1张桌子或1个楼层时，应进行环顾周围、取追加菜单、撤掉空盘并清理烟灰3项作业。店长要能够进行这样的指示。

（4）餐品（料理、饮品）与上餐时间

要时刻确认是否提供了符合标准的料理，注意料理的完成度、装盘样式、颜色搭配和分量、容器的朝向、上餐时间等。尤其是午餐，速度就是生命。店长在上餐区进行把控的情况也很常见，要以严格的目光审视，一旦餐品做出来的效果不好，就要指示重做。

（5）整体的流动与入口周边的确认

店长需要时刻把握店内的整体流动情况。高峰时，要关注上餐是否迅速，细心服务是否到位。出现停滞时，必须予以确切的指示。此外，由于迎接顾客和餐后结算交织在一起，入口周围容易发生混乱，要注意避免给顾客造成不快。无论身在何处，店长都要顾全大局、俯瞰整体，预估5分钟乃至10分钟后的状态，做出最合理的指示。

·6·
确认店铺的运营状态

我对根据店铺的运营情况不同而表现出的差异和倾向进行了总结。你的店铺符合哪一项呢？请你务必确认一下。

(1) 健全的店铺

① 店铺的运营状态

- 作为进店的第一印象，能够感受到活力，员工充满生气。
- 员工时刻以满面笑容接待顾客，保持眼神接触。
- 员工之间的团队合作、氛围、协作良好。
- 一有空闲，就会率先开展清扫活动。
- 面向顾客，注意力集中。
- 掌握顾客的姓名及对餐饮的喜好，回头客不断增加。

② 店长的姿态

- 明确拥有"顾客满意"的使命感。
- 考虑优先顺序，带头开展工作。
- 对员工（包括短期工和兼职工）充满感情，发挥优秀的领导力。

・与短期工和兼职工进行充分的沟通交流。

③ 员工的态度

・全体人员对工作感到自豪。

・牢记素养要求、内部规则。

・员工之间坚持微笑问候。

・衣着打扮时刻保持端正整洁。

④ 培训

・晋升制度完整有效。

・重点抓新人培训。

・根据培养计划,有计划地实施OJT(在职培训)。

・为全体员工设定本月目标与今日目标。

(2) 荒废的初期征兆

① 店铺的运营状态

・随着时间流逝,服务、产品、清洁度均开始出现波动。

・入口周围有垃圾,窗户玻璃也有脏污。

・接待顾客时无精打采,对顾客的关注与集中力欠缺。

・空闲时说悄悄话、闲聊的情况开始增加。

・顾客投诉次数开始增加。

② 店长的姿态

・无法指导自己不擅长管理的类型的员工。

- 没有余力培养短期工和兼职工，仅依靠一部分容易指示的员工。
- 没有让店铺活跃起来的方案，墨守成规。
- 将工作交给员工的情况很多，无法把握全局。

③ 员工的态度

- 员工之间不进行相互问候。
- 几乎没有工作方面的会议，没有改善方案的提出。
- 没有人率先开展休息室的整理整顿。

④ 培训

- 培训不积极，新人成为战斗力很慢。
- 教授的方法因人而异。
- 新人培训不充分导致投诉增加，员工辞职情况突出。

(3) 荒废的店铺

① 店铺的运营状态

- 员工未受到培训，问题悬置。
- 店内、店外、洗手间脏污明显。
- 员工不发一言地接待顾客。
- 员工习惯立刻找借口，情绪外显。
- 上餐时间慢，导致料理变凉。
- 员工浪费店里的餐品，或私自将餐品带回家。

② 店长的姿态

- 失去目标，每天以被动的姿态度过。

- 几乎得不到员工间的信息。
- 面对问题不知从何下手,失去自信。

③ 员工的态度

- 经常无故缺勤、迟到。
- 认为自己在"为店长工作",不在意店长为难的样子。
- 将店铺作为工作之外的聚集场所使用。

④ 培训

- 没有进行正规的培训与训练。
- 店长完全没有"餐饮业属于教育产业,因此教育培训是最重要的"意识和自觉。

以上是从健全的店铺到荒废的店铺的各级水平。即便是一直持续健全状态,稍微一放松,店铺还是会荒废。说到底,店铺荒废现象不是一两天突然出现的,它始于一些微小的征兆,进而发展到对顾客服务产生巨大的影响。

因此,店长要及时关注顾客的意见和投诉,听取上级(管理者)的意见,认真实施教育培训和工作改进。如果能够更早地进行应对处理,那么回归"健全的店铺"绝对不是难事。

对于出现荒废初期征兆的店铺,店长发挥领导能力和沟通能力是有可能让其转变为令人刮目相看的优秀店铺的。餐饮业是"劳动密集型产业",有"人"的努力才能正常运转。所以,首先要对统领店铺的店长进行意识革新。[3]

·7·
应对投诉的技巧

(1) 成为能够自信地面对投诉的店长

对于不满意的店铺,顾客是否会再次光临?某项调查的结果如下:

① 存在严重问题,但没有说出不满的顾客的回头率为9%;
② 问题没有得到解决,说出不满的顾客的回头率为19%;
③ 不满得到解决的顾客的回头率为54%;
④ 不满得到当场解决的顾客的回头率为82%。

如上所示,只是将不满说出口(即只是有人倾听),顾客的心情就会有所好转,回头率就会从9%上升到19%;如果不满能够当场得到解决,那么有80%以上的顾客会选择再次光临。

据说,将不满说出口的顾客很少,只有8%,其余92%的人会什么也不说,直接离开店铺。当然,没有不满是最好的,但是如果有，就要想办法让顾客说出来。例如，可以在结账时问顾客"味道怎么样""有没有什么让您不满意的地方"，等等。创造使顾客容易说出不满的氛围很重要。[4]

那么，万一发生问题，顾客因为不满向你投诉，应该如何应对呢？让我们一边参考以下实力派店长们的做法，一边进行思考。

（2）应对投诉的"4个基础"

① 以诚挚的态度道歉

对于给顾客造成不快，首先要深表歉意，绝不要找借口或与之争论，要保持谦虚态度。同时，给顾客的第一印象也很重要，应整理好衣着，双手叠放在身前，摆正姿势，全面展示出诚挚且认真的态度。

② 询问顾客不满的原因

询问顾客不满的原因时，不要插嘴，要彻底转变为倾听者的角色。对于时间、地点、事件、事件原因，要始终以谦虚的态度倾听，确认事实情况，并且通过点头、出声回应等方式使沟通更顺畅。

③ 迅速应对

看似很小的投诉，如果初期应对不好，也会变成大问题。迅速应对是解决问题的第一步。要使短期工、兼职工养成小事情也要迅速向店长汇报的习惯。问题解决之后，还要向投诉的顾客表示感谢。结账时，店长要再次表达歉意与谢意。当问题没有得到解决时，店长可以视情况到顾客家里致歉，一直处理到顾客认可为止。

④ 向上级、总部汇报

店长要将投诉的内容、原因、处理措施准确传达给上级和总部。根据情况，有时还需要上级再次向顾客道歉，或者邮寄道歉信等。经验丰富的上级出面往往能够使顾客安心，获得认可。疑难问题的解决有以下3项原则：① 改变场所；② 改变人；③ 改变时间。要灵活利用这三点，安抚顾客的情绪。

（3）应对投诉的技能检查清单

进行合理的处置能够防止投诉问题再次发生。对于以下①~⑪项内容，你全都能回答"Yes"吗？

① 是否积极地认为"投诉就是机会"？

② 能否认识到初期应对是最重要的，并且会在第一时间以诚挚的态度进行道歉？

③ 顾客变得情绪化时，能否冷静倾听对方说话？

④ 能否注意自己的态度、表情和声音，耐心询问顾客不满的原因？

⑤ 为了准确把握投诉内容，是否会做笔记、进行复述和确认？

⑥ 能否有意识地迅速应对？

⑦ 员工是否养成了小事情也会及时向店长汇报的习惯？

⑧ 当问题没有得到解决时，是否会继续真诚地应对，直到顾客认可为止？

⑨ 问题解决后，是否会对投诉的顾客表示感谢？

⑩ 是否会迅速将投诉情况汇报给上级和总部？

⑪ 是否探讨并实施了相关对策，防止同样的问题再次发生？

（4）魔法用语一览

进行投诉应对时，一句不合时宜的话可能加剧顾客的不满。所以，餐饮店要注意对顾客使用正确的用语。

表示感谢的用语

① 谢谢；② 诚不敢当；③ 承您帮助；④ 心存感谢；⑤ 托您的福；⑥ 感谢您的宝贵意见；⑦ 我会作为今后的重要参考。

表达同感的用语

① 正如您所说；② 您指导得完全正确；③ 我理解您的情况；④ 确实如此；⑤ 您指出的问题我们之前没有注意到；⑥ 确实给您添麻烦了。

表达歉意的用语

① 非常抱歉；② 给您添麻烦了；③ 给您添负担了；④ 我们向您表达诚挚的歉意；⑤ 是我们招待不周；⑥ 太失礼了；⑦

我们会十分注意，避免今后发生同样的问题；⑧ 占用您的时间了；⑨ 给您造成麻烦，我们深表歉意；⑩ 我们会进行深入反思。

表达请求的用语

① 请您多多关照；② 请问您能认可吗；③ 请问您能允许吗；④ 希望能得到您的理解；⑤ 这样可以吗。[5]

·8·
投诉应对实践

（1）不同情况下的 Q&A

① 上餐慢

Q：顾客问"要让我等到什么时候？"，怎么办？

A：餐饮店的投诉当中最多的就是上餐慢的问题。尤其是休息时间有限的午餐时间，上餐稍微慢一点顾客就会生气。因此，一旦出现延迟，店长就要赶在顾客投诉之前到厨房确认时间，然后迅速告知顾客，使顾客安心。如果日常就能留心观察顾客的表情和动作，那么就能在发生投诉之前着手进行应对。上餐时要和顾客说"上餐晚了，十分抱歉"，并且赠送一杯饮品表达歉意。结账时，店长要再次致歉："很抱歉给您添麻烦了，我们一定会注意，避免再次发生同样的问题。"

② 料理不新鲜、质量差

Q：顾客说"饭菜坏掉了"，怎么办？

A："我们已经吃下去了，但是饭菜的味道很奇怪，是不是坏掉了？我妻子怀孕了，万一有什么问题怎么办？"这是某位实力派店长实际经历过的投诉。他先是真诚致歉，然后立刻确认饭菜质量，陪同顾客去了医院（支付了治疗费用）。所幸顾客没有什么大碍，但他还是每天去这位顾客家探望或通过电话询问健康状态。最终，他的诚意感动了顾客，让这位顾客成了店中的常客。食物问题是大事，一旦发生，就要负责到底。

③ **混入异物**

Q：顾客说"饭菜里面有头发！"，怎么办？

A：对于头发和夏季的虫子，即使再注意也可能会出现在料理中。人的头发一天大约会掉70根，因此要特别注意。首先要确认异物，进行道歉，并立刻为顾客更换料理。在询问替换相同料理是否可行后，应立刻重新制作并上餐。厨师长也要一同道歉。在顾客等待期间，可以免费赠送饮品等。重新制作料理的情况下可以正常收取餐费，但如果顾客拒绝重新制作，那么最好免费并做出赔偿。顾客离开时，店长应再次致歉："今天给您添了这么大的麻烦，真是十分抱歉。今后我们一定会加倍注意，加强对员工的培训和教育。"

④ **图片与实物不符**

Q：被指出"图片与实物不符"，怎么办？

A："菜单上的图片比实物的量多，这是怎么回事？"应对这样的投诉，首先要道歉："很抱歉，我去向厨师长确认一下，请您稍等。"然后立刻进行确认。如果是按照店里的标准提供的，要向顾客说明："对不起，这道菜是按照正常情况提供的，需要给您更换其他餐品吗？"必要时，厨师长也要进行解释说明。结账时，要对顾客表示感谢："非常感谢您今天提出的宝贵意见。"当然，如果确实出现了不合规的情况，必须向顾客道歉，坚决按照样品标准重新制作。如果是样品本身不合理或存在问题，应立刻修改样品。

⑤ 备品不周全或操作失误导致顾客受伤

Q：顾客的嘴被玻璃杯的碎片划伤了，怎么办？

A：因盘子、玻璃杯的裂缝或碎片导致顾客受伤时，应立刻道歉并进行应急处理。根据情况，还要迅速陪同顾客去医疗机构就诊。

下面介绍一个我做店长时（20多岁）发生的意外事故。那天店铺刚开业，店里正是最拥挤、最繁忙的时候。有人跑过来向我汇报："店长，客人在洗手间出大事了！"我慌忙赶过去，发现洗手台都被鲜血染红了。也不知道什么情况，总之我立刻呼叫救护车将顾客送到了医院。后来我才知道，是啤酒瓶的碎片割破了顾客的喉咙导致其大出血。起因是一位业务还不太熟练的员工在这位顾客附近掉落了啤酒瓶，瓶子的碎片又混入了料理之中。我多次去顾客家里道歉，表达歉意。之后，这位客人成了我们店的常客。从那以后，一旦员工掉落或打碎了什么东西，我们一定会为坐在旁边的顾客更换料理。

⑥ 意料之外的顾客的事故或疾病

Q：顾客在店里摔倒了，虽然我们没有过失……

A：这是某位实力派店长的经历。一位上了年纪的顾客突然在店里倒下了。虽然他本人说没事，但店长很担心，还是叫了救护车。后来医生说："如果处置得再晚一点，就会危及生命。"后来，这位顾客将店长视为救命恩人，成了店里的常客。此外，还有由于急性酒精中毒等突然倒在洗手间里的顾客。遇到这种情况，首先要确认顾客有无意识。如果没有意识，就要立刻呼叫救护车，采取紧急措施。即使店方没有过失，店长也必须对店里发生的事情负起责任。合理的应对，能够拯救顾客的生命。

⑦ 顾客在店内或店铺附近受伤

Q：顾客撞到玻璃受伤，是店方的责任吗？

A：这是实际发生在我的一个部下的店里（郊外的快餐店）的事。一位顾客没有注意到大门上镶嵌着玻璃，直接撞了上去，玻璃破碎，导致他受了轻伤。玻璃擦得干干净净，这本是一件好事，但是作为店方，担心顾客的身体才是最重要的。于是，店长立刻道歉并带他去了医院。从那以后，店长命人在入口的门上贴了标签，并通知全店人员，努力避免发生同样的事故。虽然店方没有责任，但通过努力，有些事故是可以避免的。无论是怎样的事故，都要追究原因，尽早应对。

⑧ 喧闹的顾客、说"快想办法！"的顾客

Q：有顾客投诉"旁边的客人太吵了"，怎么办？

A：居酒屋等常会出现团队聚餐时气氛高涨，大声喧闹的情况。旁边的顾客感到被打扰了，而对于气氛高涨的团队顾客，店铺又不能像泼冷水一样去提醒。这种情况下，最好的方法是叫出其中的领队人物，以柔和的语气拜托对方："实在抱歉，能不能麻烦降低一点音量呢？照顾一下其他客人。"此外，在引导顾客落座时就加以注意，也可以避免一些麻烦。

⑨ 弄脏顾客的衣服

Q：将酱汁洒到了顾客的衣服上，怎么办？

A：首先要关心顾客的身体状况，道歉并进行确认："对不起，您有没有被烫伤？"然后立刻用毛巾或全新的抹布为之擦拭，最后再谈会为其支付清洗费用的事。因为如果拖拖拉拉，污渍就会渗染衣物。当然，如果出现受伤情况要立即送顾客去医院，并在顾客就医后常去顾客家里探望。

⑩ 预存物品丢失

Q：遗失顾客的大衣，怎么办？

A：遗失顾客预存的物品100%是店方的责任。为防止其他顾客拿错，要积极询问顾客的姓名和联系方式。

讲一位实力派店长的经历。有一次，店方将顾客预存的大衣弄丢了。那是一位女性顾客，丢失的是她最喜欢的一件高级

大衣，因此她非常生气。由于天气寒冷，她只能先穿着店长的大衣回去。之后，店长去她家里拜访时吃了闭门羹。即便如此，店长依旧前往，反复道歉，询问大衣的颜色、样式和尺寸，每天去百货商店寻找。最终，店长找到了相似的大衣给顾客送了过去。此时，顾客终于展现出灿烂的笑容并表达了谢意。

⑪ 遗忘物品

Q：顾客打电话说包忘在了店里，但寻找之后没有找到。

A：顾客联系店里说遗忘了物品的情况并不少见，问题在于寻找之后没有找到怎么办。此时，店长要向顾客确认是将什么样的包、什么时候、遗忘在了哪个座位上。因为也有可能是顾客的错觉，所以要帮助顾客回想起来。当然，应该避免"或许是您的错觉"这种说法。为防止有人拿错，一定要询问顾客的姓名和联络方式，以便日后能够取得联系。不是预存在店里的物品，店方没有赔偿的义务，但也要以诚挚的态度应对。

⑫ 员工的态度差

Q：被顾客质疑"是怎么培训员工的？"，感到很苦恼！

A：与上餐时间慢同样严重的是员工的态度问题。实际上，这也是最严重的投诉，因为对员工态度不满的顾客大多不会说出口，他们选择不再惠顾，这个数量是非常惊人的。顾客说出不满的时候，一般是实在难以忍受了。店长一定要诚心诚意地道歉："实在对不起，您说的很对，是我教育得不够。我一定切实做好教育培训,保证今后不再出现这样的问题。"同时,可以向顾客询问具体的意见并表示感谢:"感谢您的宝贵意见,我们会用于今后的教育培训之中。"

(2)"传说中的门童"的应对实例

在大阪有一位被称为"传说中的门童"的人。他叫名田正敏,在我所著的《实力派店长的不同之处!》(商业界出版)中也有出现。在此介绍其中一个投诉片段。

名田先生刚刚就任投诉处理部部长,一个婚宴上就发生了重大问题——员工不慎将红酒洒在了宴会出席者中一位女校长的和服上。那是一件刚刚做好的、第一次被人穿在身上的高级和服。当时,员工只是擦拭了脏污的地方,但随着时间的流逝,脏污处开始变色。等女校长回到家时,已经明显成为污渍了。售卖和服的百货店表示无能为力,她又打电话到酒店,但没能联系上工作人员。此时,这位女校长愤怒到了极点。事态发展至此,惊动了名田先生。

名田先生立刻前往这位女校长家里拜访,但由于缺乏应对投诉的经验,也没有完全把握清楚情况,对方完全不听他的解释。之后他又去拜访了七次,均受到了冷遇。通过多次电话沟通,他终于获得了第八次机会。那是女校长夫妇要出发去旅行的前一天早上6点,名田先生在洒了水的玄关门口跪下并不断道歉:"真的十分抱歉,请您原谅。"他不顾裤子已经湿透,只是不断地低头道歉,但女校长仍不为所动。

　　此时,看到情况的先生出来,为名田先生擦拭了裤子。在他的调解下,事情终于谈妥。名田先生承诺一定会将和服恢复到原来的状态,便拿着和服回去了。随后,他立刻委托专门去除污渍的专家将衣物恢复到了顾客认可的状态,并最终获得了顾客的原谅。从那以后,这位女校长成了该酒店的常客,直到名田先生结束了这份工作。

03
创造区域第一店

·1·
朝气蓬勃的问候

（1）遗憾的应对

迈进一家餐饮店的瞬间，顾客就能感知到这家店的氛围。最先听到的是充满活力的问候，看到的是迎接客人的清爽笑容，这些都是让顾客感觉"来对了"的瞬间。

这是我们一家四口外出，去一家大型连锁居酒屋时发生的事。因为是第一次去，所以我们都非常期待。我开了20分钟左右的车到站前，把车停在停车场后，走向位于二楼的那家店。结果在入口处，店长面无表情地问我："请问您有预约吗？"他说现在满员了，等位时间不确定。周末没有预约就来的确是我们的疏忽，但这种冷淡的态度，让我们非常失望。

如果店长能够充满笑容地接待我们，给我们的印象会完全不同。如果他能够询问我们的电话号码，告诉我们"一旦有空位，我马上联系您"，我们一定会在附近耐心等待。如果他能够热情地与我们沟通，即使当天不行，改天我们也一定会再次光顾。然而现实是，我们心情沮丧，不会再来了。应对细节决定了一家餐饮店是赢得顾客还是失去顾客，带来的是销售额的增长还是销售额的低迷。

(2) 麦拉宾法则

美国心理学家艾伯特·麦拉宾发表的实验结果表明：在传达关于喜好与厌恶的态度或进行感情沟通时，当信息发出者进行的表述既可以理解为喜好也可以理解为厌恶时，信息接收者比起讲述的内容（语言信息），更重视声调、声音的大小（听觉信息），以及外形与肢体语言（视觉信息）。虽然不能说外形和说话方式最重要，但用响亮的声音、爽朗的笑容、明快的态度接待顾客，顾客会更加高兴和安心。

为打造积极打招呼的充满活力的店面，餐饮店会在早上让员工到店外进行发声和礼仪练习，让顾客觉得这家店是热衷于培训教育的优秀店铺。说起来，我还记得一件令我十分高兴的事。我20多岁做店长时，遇到过一位女顾客，她在结账时说："我看到你们每天都会认真开早会，觉得这一定是一家很好的店，所以今天就来了。"

有些店还会让擅长带动气氛的员工担任"领唱者"或"活力倡导人"，率先用充满活力的声音和顾客打招呼："欢迎光临！"如果员工能够自发、快乐地打招呼，那么愉悦而充满活力的心情一定会传达给顾客。

·2·
优雅地行礼

行礼是向对方（顾客）表达问候、感谢或敬意时，低头弯腰的动作。问候的方式如下：

① 停下脚步，以优雅的姿势站立；
② 与顾客进行眼神交流；
③ 弯腰，保持弯腰状态；
④ 缓慢地直起腰。

行礼分为点头礼（上身倾斜 15 度）、敬礼（上身倾斜 30 度）和郑重礼（上身倾斜 45 度）。与顾客擦身而过要行点头礼，说"谢谢光临"要行敬礼，道歉等情况下要行郑重礼。在一流的酒店或餐厅，员工与顾客擦身而过时一定会停下脚步站立，笑着为顾客让路。这种姿态值得学习。

与到店时的第一印象同样重要的，是送顾客离开的姿态。

我家附近有一家寿司店,当顾客要走时,店长无论多么忙都会放下手头的工作,洗干净手走到店外,深深地行礼,目送顾客离开。这一姿态让我深受感动。正是对顾客充满感谢之意的姿态创造出了旺盛的店铺。你也可以尝试着让头再多低 10 厘米,再多行一些礼,向顾客表示感谢。

·3·
笑容第一

在服务行业中,最注重款待精神的是一流的酒店。尤其是笑容,更是首屈一指。据说,酒店人员知道自己最佳状态时的笑容,能够做到任何时候都以绝佳的笑容面对顾客。

我在询问丽思卡尔顿大阪酒店的大堂经理成功的关键时,他回答说:"要以灿烂的笑容面对客人。要展现那种眼睛闪光、露出洁白牙齿的满面笑容。从事服务行业的很多日本人都在面无表情地说着'欢迎光临',他们只是低下头而已。我希望他们能够更加充满诚意地、以最好的笑容迎接顾客。"满面的笑容才是服务行业的原点。

进行采访时,有一家店给我留下了深刻的印象,它就是T. G. I. FRIDAY'S。店长在和我交谈期间眼里一直闪耀着光芒,笑意不断,正在进行业务操作的员工也在以100%的笑容友好地接待顾客。这的确是一家非常优秀的店。

T. G. I. FRIDAY'S有其独创的认证制度,有助于提升员工的笑容与动机。店长在结账时会询问顾客来店的感受，如果得到的回答是"满意"，就会给负责提供服务的员工发一枚徽章，而得到徽章的人会将它佩戴在制服上。在这里，佩戴50多枚徽章的员工有很多。

此外，充满笑容的店还有一个共同点，那就是会使用分享感动时刻的笔记本。在店里看到或听到的好事、顾客赞扬的话、令人感动的经历等都会被写进笔记本里，由全体人员共享。

"顾客夸奖小A的笑容很好，很机灵。""因为下雨了，小B打伞将顾客送到了停车场，这值得我学习。"诸如此类，员工之间互相关注和赞扬。还有些店将其取名为"幸福笔记"，希望你能予以参考。

·4·
穿着打扮的清洁度

穿着打扮也是决定第一印象的重要因素之一。从头发、面部妆容、指甲、姓名牌、围裙、领带、上衣、裙子、裤子到鞋袜，必须遵守各个企业或店铺的基准。穿着打扮是"内心的表达"，穿着打扮不整齐，意味着内心无法保持从容的状态。

最近，我比较注意在厨房里穿的鞋子的卫生情况。厨房里的油污会弄脏员工的鞋，进而弄脏地面。如果所有人都穿着干净的鞋，就会给人"厨房一定也很干净"的印象，使人愉悦。我想起以前Dennys的员工会穿与制服搭配的黄色鞋子，给人的印象非常好。东京迪士尼乐园甚至规定了头发的颜色要达到日本发型颜色协会设定基准的6级水准。不仅是颜色，还要注意打理的方式。尤其是餐饮店，干净的发型和妆容是必需的。很多店都禁止美甲，即使允许也要控制在干净卫生的范围内。此外，有时穿在制服里面的花哨衣服会透出来，这也不太好看，会破坏给人的清爽印象。

多年前，我对美国的餐饮连锁店进行视察的时候，在一家位于购物中心停车场的牛排店前，看到了员工开早会的场景。10名员工穿着白得晃眼睛的白色厨师服并列站成一排，由厨师长下达当天的工作指示。整洁干净的姿态让我感到十分新鲜和帅气，午餐就选择了在这家店吃。无论是制服的干净程度，还是洁净的店内环境、充满笑容的服务、美味的餐食都十分优秀，令我大呼满足。纯白的厨师服可不只是装饰而已。

希望你在店里的早会上也能从头到脚确认好员工每天的穿着打扮。

·5·
店内的清洁度

保持与正式开业时相同的洁净度是清洁的基础。在擦拭得如镜子般干净的空间里享受美味的餐饮和暖心的服务，这才是在外就餐的乐趣所在。

在顾客的不满当中，继态度和说话用语不当之后较多的是"店内脏污"。顾客有在擦拭洁净的店里用餐的权利。桌子和椅子就是顾客的空间，哪怕有一滴上一位顾客留下来的水痕，都无法让人心情舒畅。

7-ELEVEn的店铺规定：清洁度的基准，是要使地面擦拭得能够清晰地倒映出顶棚的荧光灯。东京迪士尼乐园规定：要使地面干净得可以让婴儿在上面爬。据说，从闭园后的深夜到清晨，东京迪士尼乐园会精心用水除去道路上的沙子，连旋转木马的中心柱也要在开园前彻底擦拭干净。对清洁度的讲究，是直接关系到安全的重要内容。

志摩观光酒店的原董事长高桥忠之先生在担任总厨师长兼

总经理的时候，有很多人到厨房参观学习。所有人都感慨："真的是在这里做的饭菜吗？"因为厨房被完美地擦拭到连饭菜的味道都闻不到的程度。

做好清洁，要确定以下要件系统：

① 清扫用具的正确使用方法与保管方法；
② 清洗剂的用途、种类及使用方法；
③ 清扫指南及训练方法；
④ 定期（日度、周度、月度）清扫日程。

咖喱餐厅 CoCo 壹番屋还积极开展店铺周边的清扫活动，我也实际看到过几次。无论风霜雨雪，一年 356 天，每天都进行 13 次清扫，着实令人震惊。它的办公室里还张贴着附近的地图和每小时的清扫检查表。

对 CoCo 壹番屋的一位实力派店长进行采访时，我听说了这样一个故事。某天，他如往常一样进行附近卫生的清扫时，一位因等红灯而停车的校车司机向他招手说："辛苦你们了。"附近的小学校长也经常来店里吃咖喱，说："每天都很感谢你们。"附近的人把员工们的劳动切切实实看在眼里。通过清扫活动，店铺切实加深了与地区之间的关系。

店里或店铺周围的脏污意味着员工的心绪不稳。员工一旦心绪不稳，就会失去顾客的信任。保持店铺的清洁度，可以说是每位员工应尽的义务。

清洁度检查表（在店内确认以下 10 项内容）：

① 停车场和店铺的周围、入口附近是否完全没有垃圾和杂草？

② 入口的地垫、门、把手、玻璃，以及自动门的凹槽里是否都擦拭干净了？

③ 店内的窗户玻璃和窗框是否没有擦拭后斑驳的痕迹？照明器具和空调过滤器、装饰品等是否没有灰尘和脏污？

④ 地面或地毯上是否没有脏污？掉落的垃圾能否在 30 秒之内捡起来？

⑤ 洗手间的马桶、地面、墙壁、门、洗手池和镜子是否都擦拭干净了？

⑥ 厨房的墙壁上是否没有油污？冷冻库、冷藏库内外是否都擦拭干净了？

⑦ 厨房的地面和垃圾箱是否没有脏污？隔油器是否每天都会进行清扫？

⑧ 店长室、休息室、更衣室、仓库、鞋柜处是否进行了整理整顿？

⑨ 定期的清扫日程是否得到了贯彻执行？

⑩ 全体员工是否有较强的 5S（整理、整顿、清扫、清洁、素养）意识？

·6·
员工的规矩、礼仪

为了统领店铺并合理引导员工，店长需要制定规则和纪律。在你的店里，内部规则和店铺内的礼仪是否得到了切实遵守？出勤时，员工能否做到面带笑容进行问候？例如，早上上班时说"早上好，我是田中，开始上班了"；休息的时候询问"我可以去休息吗"；下班时说"我的工作完成了"；等等。这些礼仪和素养是十分重要的。

在 20 多岁做店长的时候，我就让员工养成了汇报的习惯。店铺打烊后，我写日报或者统计销售额的时候，他们经常会来向我汇报："店长，已经清扫完毕，请您确认。"如果他们打扫得干净，我会予以表扬；如果不干净，我就会对打扫得不到位的地方进行指导，直至达标，每天都如此重复。就这样，我的店铺每天都保持得很干净，这种意识也被新人继承、传递了下去。如果遵守规则、礼仪的观念和习惯没有形成，是做不到这种程度的。

优秀讲师原田隆史先生重振了一所荒废的中学，在田径大赛中获得了13次日本第一的殊荣。现在,他正致力于企业的人才培养。原田老师说:"只要将心灵的杯口朝上,学校就会发生改变。"在荒废的学校里,学生们心灵的杯口都是朝下的,使其朝上的关键词如下:

① 问候(尤其是像"是的"这种坦诚的回答);
② 严格遵守时间;
③ 消除荒废。

"消除荒废"是指纽约前市长朱利安尼为了重振当时美国犯罪率最高的城市纽约,选择实施"环境美化"和"轻度犯罪彻底严查",而不是严查重大犯罪行为的做法,表示在早期就将荒废的萌芽扼杀掉。通过这一举措,纽约清除了打碎窗户玻璃、涂鸦、不交钱乘车的现象。就这样,该市发生的杀人案件数量减少了67%。

无论是问候、严格遵守时间,还是消除荒废,都是最基本的规则和礼仪。向孩子们说明为人之本,使他们心灵的杯口朝上,赋予其梦想和目标,使其成为自立的人,这一点非常重要。[6]

当然,单纯让员工遵守规则是没有意义的。他们可能会变得只做被要求的事,而不会自主思考。认可他们的自由斟酌,引导他们自主或与同伴一起思考、判断和行动,这也是店长的职责。虽然自由与规则听上去是完全相反的两个词,但考虑两者间的平衡并对店铺进行调整是非常重要的。

·7·
有针对性地记住顾客

我在店长研修课上经常会问学员："你能记住多少位顾客的长相和姓名呢？"回答多在 30~50 人。高端餐厅、进行外卖的日式餐厅或居酒屋的店长回答 100 人左右的较多。在我迄今为止采访的实力派店长当中，回答 300 人以上的多于三成。而且，如果只是记住长相的话，还有三位能记住 500 人以上。这三位都是月销售额在 3000 万日元以上的超人气店铺的店长。其构想是通过记住姓名和亲切地打招呼增加顾客的来店频率，从而提升销售额。

季风咖啡的实力派店长制作了一本"顾客认知笔记"，将常客的信息逐一记入其中。例如，A 顾客今天与谁一起来到店里，坐在哪里，点了什么料理或酒水等。同时，将其与全体员工共享，使所有人都能看懂。全体员工都会录入顾客信息，不仅包括料理和饮品的喜好，还包括兴趣甚至是出生地。即使 A 顾客在店长休息的时候来到店里，其他员工也能很好地完成接待。

店长则只需在下次适时跟顾客打招呼说:"前几天您来的时候恰巧我休息了,真是不好意思。"这样,A顾客也会很高兴。

后来,有顾客发来了这样一封邮件:"既积极,又充满活力,所有人都在发光。我一直在想这是为什么呢?"这真是一封让人开心的邮件。

尽量称呼顾客的姓名,记住顾客对料理和酒水的喜好,增加与常客之间的对话。店长、员工要一起努力。如果你现在能记住50位顾客的长相和姓名,那么从今天起,就努力记住100人吧。你的店铺在分别记住顾客方面所做的努力,是否能达到区域第一呢?

04

实力派店长的姿态与执行力

· 1 ·
七个姿态

为了对日本全国从事食品服务行业的人士予以精神和技术方面的支持，我在月刊《餐饮店经营》连载《实力派店长的不同之处！》已经有 10 年了。到目前为止，我采访了近 120 位日本实力派店长。我对他们的共同点以及实务要点进行了整理，希望能为你提供参考。此外，我还在文末附加了店长能够对自己的优势和弱势进行自我评估的检查表，希望你能将其活用于日常的店铺运营当中。

（1）EQ 高，笑容美，时刻保持积极向上

通过对实力派店长进行采访，我感受最深的就是他们的 EQ（Emotional Quotient，情商）之高。EQ 是将能够感受到对方情绪的能力用数值表示出来，因此也被解释为"内心的智力指数"，或者"情感指数"。能够将"我一直关注着你"这种信息传达给对方的人，EQ 就很高。我在采访中多次听到这些实力派店长说自己对员工"如同自己的弟弟和妹妹一样喜爱"。他们的好人缘以及对员工的关怀之心，令我深受感动。

此外，笑容优美、性格积极向上也是实力派店长的共同点。店长的笑容也会感染员工。我认为，笑容完美的人可以度过完美的人生。实力派店长能够为员工创造面带笑容的工作环境，使他们一直保持良好的心理状态。东京迪士尼乐园接待游客的基本要求也是"笑容"。除此之外，再加上"眼神交流"、"活力"、"积极性"以及"友好"，能够将顾客的情绪捧到最高点。

EQ 可以通过努力提高，其方法如下。

① 有意识地使用积极用语。

很喜欢、高兴、激动，等等。

② 一天说十次"谢谢"。

"谢谢"是彰显 EQ 的语言，是世界上最美的语言。

③ 一天支援他人一次。

也就是要"日行一善"。可以是将洗手间打扫得干干净净，让大家心情愉快地使用；也可以是冲杯咖啡，慰劳一下送货人员。

④ 拍手称赞员工。

当员工被顾客表扬或者努力做了什么事的时候，可以在早会等场合对其进行拍手称赞。拍手会使人情绪高涨，调动人的积极性。

⑤ 面带笑容，积极问候全体员工。

养成"一个笑容，一条信息"的习惯。面带笑容地问候一句"前几天的考试，结果如何？""你家孩子的感冒好了吗？"。这种日常对话，有助于店里形成良好的氛围。

担任营销部长期间，我负责管理 100 名店长。我发现所有取得成绩的店长都有一个明确的共同点，那就是对自己的店和员工怀有真挚的感情。这个"感情"，正是 EQ 的本质所在。[7]

(2) 有"志向"和"自豪感"

优秀的实力派店长普遍志向高远。他们都拥有对未来的梦想、对工作的自豪感，以及对服务行业的热爱之心。他们认定食品服务行业能通过食物与服务使人感到幸福，知道持续从事这一行业并不断追求极致的绝妙之处。

对于未来的目标，有的人想成为现在所在企业的高层，也有人想独立开店。无论哪种选择都不简单，正是高远的志向在引导他们切实地迈向成功。

亚伯拉罕·马斯洛提出的人类需求层次理论指出：人类的需求呈五个阶段的金字塔形，第一个阶段的需求得到满足之后，就会寻求更上一个阶段的需求。其中，位于最顶端的"自我实现的需求"，其实就是人的志向。只有那些心有渴望并为实现梦想而努力奋斗的人，才能拥有美好的人生。所以，你也要树立高远的志向，这样克服困难的渴望才会强烈，梦想才能实现。仅是这样思考，你的行动就会发生改变。

如今，餐饮连锁的第一品牌是星巴克咖啡。仅日本国内就有约 800 家店，全世界有 15000 家店。在日本，现在还没有其他企业拥有这样的品牌力量。并且，这样的势头应该还会持续一段时间。经常有学员问我："为什么星巴克的员工在工作时都那么快乐而充满活力呢？"查阅星巴克员工的问卷调查结果，答案一目了然——回答"为在星巴克工作而感到自豪"的员工竟然高达 86%。

对工作要心怀自豪感和高远志向，这一点请时刻铭记。

（3）立刻执行自己认为对的事情

我一直认为，工作做得好的人是那些能"立刻执行的人"（行动力强的人）。对于店铺运营而言，重要的正是执行力。虽然进行"PDCA（计划、执行、检查、处理）的管理循环"很重要，但很多企业都是止于"计划"的。只是参加研修课程或者阅读月刊《餐饮店经营》没什么用。自己认为对的事情，就应当立刻执行！

让我们向执行以下工作，并且取得成果的店长们学习：每天与 50 位员工交换日记，致力于人员培训与沟通的店长；坚持每天对外经营活动长达一年的店长；记住 300 名顾客姓名的店长；为常客准备发票专用章的店长；将注意到的事情和问题全部记下来并切实进行改善的店长……

举一位日式快餐店店长的例子。从 QSC 到维护保养、店铺布局，他把所有注意到的事项都记录了下来。不仅如此，他还排好优先顺序，逐一进行了改善，并且将其中的经过、结果，甚至是感谢语都写到了联络本上，持续贯彻执行。应该做的事情太多，以至于不知道从哪里下手的各位店长，不要迷茫，像这位店长一样彻底行动起来吧！

（4）具有优秀的领导力及改变店铺的力量

店长最重要的工作，就是对正式员工和短期工、兼职工的培养。店长在培训和训练方面花的时间和精力越多，越能培养出优秀的人才。培养出来的人才能够高质且友善地接待顾客，从而增加回头客，提升顾客数量。这就需要店长具有能够改变员工的优秀领导力。所谓领导力，就是使每位员工都能最大限度地发挥优势，并且拥有实现目标的能力。

通用电气公司（GE）的前董事长兼 CEO 杰克·韦尔奇说，他不会忘记拥有第一个部下时的场景。自己不仅将他视为工作上的伙伴，还把他作为朋友介绍给了家人。当然，工作开展得很顺利，业绩也得到了提升。后来，韦尔奇得以率领几十万人，但其领导力的存在方式与最开始对那一名部下的时候完全相同。他对于"成功"是这样理解的：成为领导之前，成功是自己取得成功；成为领导之后，使他人获得成功才是成功（参照第 137 页）。

(5) 表扬、批评方式得当

心理学家 W. 詹姆斯说"所有人都渴望被认可"。特蕾莎修女也说"爱的反义词不是'恨',而是'不关心'"。人总想得到他人的认可,被他人表扬。

员工被表扬就会拥有自信,感受到在这家店工作是有价值的。所以,即使没有值得表扬的具体事例,你也可以对员工的努力表示认可,鼓励他。

当然,有时候也要进行严厉的批评。例如,反复在同样的问题上犯错,或者对重复性工作失去新鲜感,应该做的事情无法彻底执行的时候,就要对其进行批评。只要有为员工着想的心和相互之间的信任关系,即使批评也是没关系的。有一位实力派店长,他既会努力挖掘员工的长处并引导其发挥优势,也会在批评员工时说"你最好的地方都没有展现出来,这可不像你",在批评的同时鼓励员工。

我在店长研修课中经常会进行"表扬与批评哪个较多"的问卷调查。回答"表扬"多的店长约占七成,回答"批评"多的约占三成。表扬较多的店长,偶尔进行严厉的批评很重要。相反,批评较多的店长,也不应忘记时不时地彻底表扬一番。因为对于员工而言,被平时温柔的店长严厉批评会产生强烈的内心波动,而被一向严厉的店长表扬,也会由衷地感到高兴。无论怎样,只要表扬与批评保持平衡,张驰有道,有据可循,员工就不会怨恨在心。

（6）重视小事，贯彻执行

再小的事情，也要毫不懈怠地贯彻执行。

你知道"1∶29∶300"吗？这是对事故的发生概率进行分析的海因里希法则的数值，表示在1件重大事故的背后存在29件小事故，进一步探究的话，其背后还隐藏着300个令人打寒战的体验。由此可知，每天贯彻执行小事情是何等重要。

餐饮店的工作就是小事的累积。员工之间的相互问候、彻底的卫生清洁、后方区域的整理整顿、早会等，都需要每天贯彻执行。

下面介绍一位实力派女店长的故事。有一位进店刚满两天的兼职工一直坚持对顾客认真说"欢迎光临""谢谢惠顾""不好意思"，顾客被他的姿态所打动，不仅对他进行了表扬和鼓励，甚至还给了小费。

这位女店长说："对于人人都能做到的事，如果你能比任何人都拼命努力地去做，就可以令顾客感动。我从这位少年身上学到了这一点。从那以后，我决定无论多小的事都要认真对待。"

（7）有上进心，不断磨炼自己

在进行《实力派店长的不同之处！》系列的采访时，很多店长说以前一直希望自己哪天也可以出现在这个系列中。他们一直在追求更高的目标，通过实践以下内容，磨炼自己。

① 以商务书籍为主，有读书的习惯；

② 通过阅读报纸和专业杂志，每天进行信息的收集；

③ 休息日等会去参观人气店铺；

④ 积极参加外部研修课或公司内部的学习会；

⑤ 与行业伙伴或其他企业交流；

⑥ 到百货商店或一流酒店进行参观、考察。

日本有一本畅销书叫《坚持"1日30分钟"》(古市幸雄著，杂志屋出版)。据说，现代人看电视的平均时间是2小时30分钟，如果把其中的30分钟用于读书，一年可以阅读50本。

对自己进行投资非常重要，要舍得在自己身上花费时间和金钱。俗话说"你的行动就是你的未来"，每天多一点努力，多年的积累就会带来巨大的成果。

·2·
八个执行要点

(1) 录用高质量的人才

决定服务水平的是人的质量。因此,餐饮店一定要录用高质量的员工,并且通过培训和训练进一步提升其水平,打造最强的团队。

实力派店长的员工平均录用率为20%~30%,非常严格。越是客单价高的店铺,越具有这样的倾向。还有一些店长断言"不想降低录用的基准",或者是要经过一个月的试用期才决定是否正式录用。

实力派店长在面试当中大都重视"第一印象"。因为经常与人接触,他们都具备看人的眼光。重视第一印象的同时,他们还会确认应聘者是否有自然的笑容和闪亮的目光,是否乐于让别人高兴,人缘好不好,是否机灵等。迪士尼乐园录用人才的关键是:"你是否想和这个人一起工作?"

"最近两周,你有没有做过什么事情使你重视的人开心呢?"

这是丽思卡尔顿酒店在面试环节提出的问题。一个人如果能使他重视的人开心，那么面对顾客，也同样可以做到。

当然，挖人也是有效的。在准备正式开业时，不少店长会挖其他店的优秀员工。我做店长时，就有挖其他店优秀员工的经验。我会直接表示"我想挖你"，并说服他们，使他们作为能够立即起用的战斗力（领队）而大展身手。

（2）贯彻教育培训（理念、素养）

有些附近学生较少的郊外店铺受地理位置等条件限制，很难录用到优秀的短期工和兼职工。对于这种店铺，教育培训尤为重要。店长的工作就是培养员工。将员工的能力最大限度地发掘出来并加以利用，这是店长必须具备的能力。

餐饮店是使顾客恢复精神、给予顾客活力后再送顾客离开的地方。店长要让员工切实理解这一根本性的思想和自己店铺的理念。优秀的店长会在第一天就彻底进行这样的教育培训。

有一位实力派店长为了能使员工不断成长，让他们反复练习用"是的"进行坦诚的回答。有一位咖啡连锁店的店长，会与员工进行笑容的交互练习。注意眼角和嘴角，面对面地多次进行练习，就能展现自然的笑容。此外，还有一些店长会让员工自己通过日常检查表设定本日的目标，或者在贯彻日常训练的同时，组织开展关于餐品知识或业务操作的突击考试，等等。

在客单价较高的日式餐饮连锁店，只要员工没有熟练掌握餐品知识，店长就不会让其接待顾客。在一流的酒店里，哪怕只有一天不培训，水准都会比前一天低很多。要想为顾客提供卓越的服务，训练是一天都不能少的。

（3）设定具体且明确的员工目标

在你的店里，有没有每月或每日的店铺运营目标、管理目标，以及员工的个人目标呢？拥有简单易懂的目标是非常重要的。在每天的早会或晚会上，店长要明确店铺的目标，并让每位员工发表本日各自的目标。例如，前厅人员的目标可以是"看着顾客的眼睛，面带笑容地和顾客打招呼（眼神交流）""积极进行空盘撤盘"等；后厨人员的目标可以是"在8分钟之内提供午餐""对同一桌同时上齐所有餐品"等。

有的店长会让员工将自己当天的目标填写到日常检查表中，也有的店长会让员工将自己每月的目标或计划填写到办公室的目标管理表中，并在全员面前汇报进度情况。其中，第二种情况还会根据表格内容进行个人面谈。

如果我突然到访你的店铺，问其中一位兼职工"店铺这个月的目标和你今天的工作目标是什么"的话，我能迅速得到明确的回答吗？为了使店铺不断进步，店长要提出店铺目标，并让员工设定个人目标。

（4）通过早会、晚会、全体会议进行信息共享

店铺运营能力强的店都拥有一个共同点，那就是信息传达力强。信息传达的方法如下。

·通过留言板、联络本、幸福板进行信息共享

为了再度确认联络事项以及未能出席早会的成员，可以将信息填写到留言板或联络本上，谋求彻底的信息传达。当然，只填写信息是没有意义的，需要按照"员工在出勤时阅读→读过后签名→店长询问内容进行确认→确认能否执行→确认是否形成习惯"的流程进行确认。

尤其是联络本，它是全员都能阅读并填写内容的双向信息传达工具。我做店长的时候，也曾在深夜将各种各样的想法写到联络本中，而且写了很多页。联络本会不断累积到10本、20本，成为店铺的历史。

有的店铺会张贴"幸福板"，上面写着顾客表扬的话和非常好的、在店里发生的故事。无论是幸福板还是联络本都会用来分享令人开心的事或令人感动的事，店里的气氛和团队合作会变好，也增加了使顾客高兴的机会。

在最大的互联网企业谷歌的美国总部，员工的办公桌旁都设置有白板，可以将想到的事情写在上面。当然，不仅是员工本人，周围的人也可以自由填写。大家一起谋划下一步的全新策略，这种行为已经成为一种习惯。即便是这种超级企业，在信息的共享与传达方面，使用的也还是传统方法。

·养成每天开早会、晚会的习惯

早会和晚会是进行汇报、联络、教育、培训，确认着装打

扮和身体状况，加强开店前的紧张感和集中力，从而提升员工工作动力的场合。早会水平高的店铺与完全不开早会的店铺相比，在业务操作上会有明显的差距。

·每月召开一次全体会议

全体会议对于团队合作、店铺氛围、公司风气的养成是不可或缺的。遗憾的是，最近召开全体会议的餐饮店店长似乎变少了。

在神秘顾客研究（Mystery Shopping Research）中获得高分的店铺都会每月召开一次全体会议，并以短期工、兼职工为中心积极进行讨论和创造性活动。最理想的是在全体会议之后，能够以兼职谈论会之类的形式划分小组，按照不同的课题积极进行自主讨论。通过讨论可以强化大家的归属意识，形成良好的店铺风气。

开展全体会议时，可以提出并实施以下目标和课题：

① 阐述店长对店铺的热情和梦想（想要达成的愿景）；
② 提出上个月的问题及本月的改善方案（具体的行动目标）；
③ 对新的促销活动、新餐品、新菜单的内容进行介绍与说明；
④ 联谊会（生日会、为加深关系的卡拉OK大会等）的事先商讨；
⑤ 本月的新人介绍；
⑥ 对本月最佳兼职工、优秀员工的表彰等。

(5) 创造优质顾客（常客）

增加销售额的王道是创造优质顾客。某项调查数据表明，70%的销售额是由前30%的顾客创造的。

实力派店长是通过以下方法创造优质顾客的。

有一位实力派店长每天都会将常客信息记录到"顾客认知笔记"内，与全体员工共享。其中记录了顾客对餐饮的喜好、喜欢的座位、兴趣，甚至是出生地，员工可以在了解这些信息的基础上灵活应对。

还有一位女店长，她呼吁短期工和兼职工"增加与顾客的对话，创造自己的顾客"。包括每天都来店里的优质顾客在内，有些短期工和兼职工居然拥有50人以上的顾客。甚至还有一位中国料理专门店的店长，他使短期工和兼职工拥有了"自己的责任区域就是自己的店"的认知。

最后，是一位法式餐厅的超级实力派店长，他几乎将自己与顾客的对话全部记录了下来。这个笔记的内容非常多，两天就要用掉2厘米厚的笔记本。他会在每天工作结束后进行复习，找出其中的关键词，记住要点，睡前再回顾一遍。一切都是为了记住顾客，为常客提供周到的服务。

(6) 最大限度地发挥短期工和兼职工的优势

"发挥短期工和兼职工的优势是店长的工作"，这是我对实力派店长进行采访时多次出现的话。有位店长说:"每个人的优势都不同,有的笑容灿烂,有的烹饪细致,有的擅长应付电话。我们要发挥每个人的优势,为顾客提供最好的服务。"

在一位女老板管理的店里,很多短期工和兼职工都拥有各自擅长的领域。他们分别被称作"揽客明星""关怀明星""笑容明星"。有了擅长领域后,短期工和兼职工的干劲儿也越来越足。例如揽客明星,据说只要女老板的一个眼神,他就会从位于八楼的店内走到店外,一边向行人介绍菜单,一边招揽顾客,很快就能让店里满员。

有一位自助餐行业的店长,他采取的方式是让短期工和兼职工自主思考并执行。这实际上要比命令更难,但无论是在个人的成长方面,还是在店铺的运营方面,这个策略都取得了显著的成果。

某家居酒屋有一位极其普通的女性兼职工,自从被顾客表扬以后,她变得越发活跃,逐渐成长为领队。店长则一直关注并默默支持着她。发挥短期工和兼职工的优势,对其彻底进行培养,是店长非常重要的职责。

(7) 问题全在沟通

店铺的所有问题都是"人"导致的。无论是员工成长慢,还是短期工和兼职工离职,很大程度上都是由于沟通不足引起的。

某家快餐店的高级店长喜欢通过邮件与 140 名短期工和兼

职工进行联系或发送指令。同时，他也愿意随时接受提问。为了促进信息共享，他甚至会将问题回复发送给全体员工。

某家烤肉连锁店的店长也充分利用手机邮件，每天向全体员工发送包括营业报告、问题点及顾客评价等在内的相关信息，以此来提高团队合作效率。全体员工也会将今日反省和未来志向写到"努力邮件"中发送过去，以此提高对店铺的忠诚度。

除此之外，有些店长还会与短期工和兼职工交换日记，并为了解决短期工和兼职工的烦恼和店铺的问题定期展开问卷调查。

同时，店长还需要按照两个月一次的频率对全体员工进行心理辅导。针对职场环境的适应和培训方面的问题，可以进行一对一的面谈并提出合理的建议。此外，因人事变动而新上任的店长也要与全体员工进行一对一的面谈，且面谈时要注意保护个人隐私。但当个人的烦恼已经影响到工作时，可以进一步深入交谈。

无论如何，比起单方面地提出意见，认真听取对方的想法、一起解决问题的姿态更重要。有时候，店长只是愿意倾听员工讲述，对方心里就会畅快很多。

下面介绍一个研修课程中开展的问卷调查。本问卷调查的结果揭示了"在工作中，为了激发干劲儿，员工对上司的期望"的前五位：

① 希望与我们进行更多的沟通交流；

② 希望创建欢乐职场、营造易于工作的氛围；

③ 希望能听取我们的意见；

④ 希望能交给我们更多的工作；

⑤ 希望店长能更多地进行自我学习，然后传授给我们。

(8) 提升动力的表彰制度和竞赛

为了使员工能够自豪且充满活力地快乐工作，店长需要不断认可他们的努力并给予正确的评价。

在东京迪士尼乐园，对于服务优秀的角色，管理层以上的干部会当场颁发"五星卡"。此外，还有一种奖励体系，是由全员选举出最佳角色，作为"东京迪士尼乐园精神"的象征。而在丽思卡尔顿酒店，还有"头等卡"（感谢卡）和"五星制度"（每年授予4人的荣誉）。一流的服务行业，一定拥有对员工进行评价和表彰的机制。

为了提升短期工与兼职工的动力，实力派店长要在以下方面下功夫：

① 表彰本月的最佳兼职（月度MVP，即由店长或短期工与兼职工投票决定本月获得成长的短期工与兼职工或贡献度高的

短期工与兼职工）；

② 半年（或一年）一次对最优秀的短期工与兼职工进行"冠军表彰"（制作徽章，强化其作为店铺代言人的意识）；

③ 颁发"感谢券"或"微笑卡"（写有表达感谢之情的卡片，由短期工、兼职工或店长颁发）；

④ 选拔店铺第一"笑容明星""关怀明星""引导明星"并进行表彰；

⑤ 举办店铺内的接待服务竞赛、厨艺竞赛；

⑥ 工资明细表中添加店长手写的"感谢信"（店长写的针对个人的鼓励信）；

⑦ 为短期工与兼职工负责人制作名片（便于接受顾客主动预约，让店长积累自己的顾客）；

⑧ 制作面向顾客的店铺报纸和菜单，向顾客介绍短期工与兼职工；

⑨ 组建"梦之队"，谋求各店的水平提升（聚集各店最优秀的成员，向全体短期工与兼职工示范优秀的业务操作）；

⑩ 组建各种项目团队（展示、沟通、改善活动、QC小团队等）。

这些都是对短期工与兼职工进行评价，谋求店铺整体的活性化的机制。

05
聘用员工的方法

作为餐饮店的店长,要肩负起提高销售额、持续产出应有利润的使命。为此,餐饮店必须增加回头客,获得优质顾客。增加回头客,需要提高顾客满意度,而为了提高顾客满意度,需要优秀的短期工与兼职工进行最好的 QSC 操作。因此可以说,培养优秀的短期工与兼职工至关重要。

如今,很多年轻人都有在餐饮店做兼职的经验。店长不仅要传授他们服务和操作的方法,还应该进行更广范围的培训,如礼仪、礼节的重要性及认真对待事物的姿态等,使其不断成长。

通过开展优质培训,使学生兼职工切实感受到自己的成长,使家庭主妇短期工度过充实的时间,这正是餐饮业的巨大魅力之一。

·1·
招聘员工的途径

(1) 店内招聘活动

① 员工介绍

拜托员工介绍朋友、熟人、晚辈、亲人,这是现实中餐饮店采用最多且最有效的方式,经费也可以控制在最低限度。实力派店长大多能请员工介绍来30%左右的新人,且越是高质量的员工,越会介绍高质量的人才。同时,也有很多企业会支付一定的介绍费。当然,如果员工对店铺存在不满,就不能指望其再介绍其他人来了。

② 招聘广告

以顾客及路过店铺的人为对象,利用店内外的海报、标签、店面展示板、招聘POP、店铺名片等招人。张贴内容包括店名、联络方式、负责人、上班时间、小时工资等。最好添加上老员工的评语和传达开心的工作气氛的视觉图像(照片或插画)。此外,还有越来越多的店铺将二维码印在招聘用的店铺名片上,以便有意者能够读取更多的信息。

③ 来自顾客或地区信息通的介绍

拜托顾客或在当地人脉较广、乐于助人的人（销售人员或保险外勤人员等）。通过口口相传，招聘信息也是可以扩散出去的。

④ 离职者或求职者的招募

对本店的离职者、停职者再次进行招募也是方法之一。这在店长调职时也是有效的。我做店长时，就在新到任的店铺招募了3名离职人员。因一时原因而离职或停职的员工，有不少是可以再次回归岗位的，可以电话沟通交涉一下。

(2) 店外招聘活动

① 在附近的设施上张贴海报（地区展示板）

可以在学生和家庭主妇聚集的设施或店面（银行、驾校、超市、理发店、美容院、车站内、社区公告栏等）张贴招聘海报。

② 在学校展示板和职业介绍所张贴信息（高龄者也可录用）

拜访店铺商圈内的大学、短期大学、专科学校，请求对方允许张贴招聘信息。通过自己店里的兼职学生去接触也是一个方法。此外，还可以采用在职业介绍所登记的方法。希望进行兼职的社会人士、自由职业者、高龄者（根据职业类型或职位可以工作的）都可能会来应聘。

近年来，麦当劳、摩斯汉堡等快餐店里的高龄员工在逐渐增加。《日经 MJ》曾发表评论称：日本麦当劳录用 60 岁以上的高龄兼职工后，其顾客层扩大了。解释称：由于中老年员工熟知与地区紧密相关的庆典、运动会等地区活动，且在当地的熟人很多，因此具有很高的社交价值。

我采访的一位实力派店长说："我从高龄兼职工那里学到了很多（他们什么都知道），年轻的学生兼职人员与他们也很亲近，像家人一样。"

③ **在杂志或报纸上夹带招聘信息广告**

在杂志或报纸夹带的招聘信息传单上，可以刊登内容易懂且具有冲击力的广告。同时，要考虑插画或照片等带来的视觉效果，凝练出准确、恰当的广告内容。与店铺的海报一样，这里也要明确标记招聘的关键项目。写明待遇和福利（加薪的标准和频率、餐补等各种补助、店内娱乐活动等），效果会更好。此外，家庭主妇看夹带传单的概率更高。因此，希望吸引家庭主妇关注或进行各种通知（正式开业或促销活动等）时，可以有效利用夹带传单。实施以上措施时要考虑发布的区域、张数、费用与成本效益。

④ **网络的灵活运用**

有很多学生和家庭主妇喜欢在网络上寻找兼职，因为这样做既可以进行职业种类和地区等的对比探讨，信息量也够大。此外，有些系统在确定人员录用后才会产生费用，因此可以有效控制经费。

（3）进行招聘活动前需要确认的关键点

在实际进行招聘活动之前，要再次对店铺的现状进行确认，看到底是不是已经具备了接收新人的环境。

① 店长、正式员工、短期工与兼职工的人际关系是否良好，工作氛围是否融洽；

② 团队合作是否顺利，员工是否在充满活力地工作，新人培训体系是否已经启动；

③ 整体的印象、员工的穿着打扮、卫生水平是否达标；

④ 内部规则是否得到遵守，职场环境（休息室、更衣室、洗手间、暖气）是否整备到位。

东京迪士尼乐园的角色质量在日本也是处于顶尖水平的。那里聚集了因角色们的演技、友善、灿烂的笑容、真心的欢迎，以及与游客的接触而深受感动，自己也希望能在这里工作的人（能够这样想，可以说已经具备了服务行业的资质）。店铺可以从这些人中选拔出优秀的人才，让其在优质的环境中接受培训和磨炼，对工作充满自豪感，进而充满活力地工作。

你的店铺现状如何呢？想要招聘到优秀的人才，先要努力提升自己店铺的环境水平。

·2·
面试的五个步骤

实现高质量的店铺运营，需要优秀的人才。店长必须通过面试仔细辨别应聘者，考虑其是否合适再录用，并且通过培训和训练使其成为战斗力。"面试""录用"在店长的业务中占有非常重要的位置。

因为人手不足而通过简单的面试录用了素质较低的员工很可能导致顾客的投诉增加。培训可能也是徒劳。为了辨别应聘者的动机和资质，一定要切实做好面试工作。

面试可以按照以下5个步骤实施。

步骤1　店长的自我介绍

面试场所要选择能够冷静下来说话的、店里相对比较安静的地方。面试官首先要递上名片进行自我介绍，并向应聘者表示欢迎："很高兴你来应聘。"对于没有自带简历的面试者，要让其当场填写事先准备好的简历表。

需要准备的物品有：简历表、面试清单、名片、笔记本、店铺资料等。

步骤2　让对方放松

让应聘者喝点东西缓解紧张,营造轻松的氛围。表扬应聘者做得好的地方,如服装、严格遵守时间的态度等,也是缓和气氛的有效方法。

步骤3　对应聘者的情况进行确认

根据面试清单开始面试。注意要尽量引导应聘者用自己的语言讲述,而不是简单地回答"是"或"不是"。要认真听对方的讲述,不随意打断,也要给对方提问的机会。确认的关键点,首先是第一印象。大多数实力派店长都认为良好的第一印象是录用的首要条件。其次,是对工作的积极性、协调性和持续性,以及出勤时间进行确认。要仔细观察对方是否适合餐饮服务行业。

确认项目的示例如下:

① 是否对工作的关心度高,想要积极参与;

② 能否给出诚实、明确的答案;

③ 是否能展现自然的笑容;

④ 是否喜欢接待顾客、制作餐饮;

⑤ 穿着打扮是否干净,态度、性格是否良好(第一印象)。

步骤4　店铺的说明

进行工作内容、各项制度、小时工资和待遇方面（餐补、折扣优惠等）的说明。尤其是晋升制度，对于努力就会获得回报的说明很重要。此外，为了消除应聘者的不安，关于培训方法也要进行说明。

步骤5　感谢的话语及结果通知

告知对方通知结果（录用或不录用）的途径和时间，并再次对前来参加面试的应聘者表示感谢。如果不录用，最好以柔和而不失礼的态度按照以下方式传达。

不录用通知的例子：

"十分抱歉。由于应聘人员较多，很遗憾本次未能对您予以录用。一旦出现缺人情况，我们就会再次联系您，还请您多多关照。"

即使未能联系上应聘者本人，也要避免让家人转达，一定要直接向本人传达。即使是在面试途中就判定为不予录用，也不要忘记应聘者今后还是该地区的重要顾客，一定要以诚恳的态度不失礼节地完成面试。

06
员工的培养之术

·1·
新人说明会的关键点

在新人说明会上,首先要对企业的历史、经营理念、职场的内部规则和接待客人的原则等做出说明和指导,让新人牢记于心。此外,还要走进店登记、手续,店内引导及店铺员工介绍等流程。

(1) 店铺的说明

针对公司的历史、经营理念、店铺概念、基本方针、QSC、服务顾客的心得、态度、用语,职务与业务内容、晋升制度、工资体系、穿着打扮、待客用语、点单用语、卫生管理及安全管理、出勤日程等进行说明。

同时,要事先准备好制服、名牌、出勤卡、手册等。

(2) 进店登记、手续

雇佣合同书是根据劳动基准法必须签署的,即使是短期工和兼职工也要书面缔结契约。在日本,如果是未成年人,还需要父母等监护人的书面同意,因此一定要获取同意书。

(3) 店内引导及店铺员工介绍

对大厅、厨房、更衣室、休息室、员工洗手间等店内设施的配置及使用方法进行说明。还要介绍店铺的员工，确定当日的工作内容及新人培训师。

·2·
新人研修的注意点

(1) 工具的灵活运用

培训师可以运用新人研修检查清单或员工手册，对新人进行集中指导，使其能在短期内掌握包括待客用语在内的基本工作内容。新人培训的标准时间为 30~50 小时。

(2) 全体员工的意识提升

通过贯彻内部规则、践行店内问候等措施提升老员工的意识，为新人树立榜样。

(3) 1 分钟 OJT

组织早会、晚会、结束会，每日执行 1 分钟 OJT 培训（在职培训）。

(4) 咨询辅导

店长在新人进店 1~2 周后要开展咨询辅导，确认培训的进度和问题，对新人抱有困惑的事项进行指导。当然，每天与新人打招呼，给予关注也很重要。

·3·
员工手册的灵活运用

多数大型连锁企业在进行新人培训时都会使用员工手册。员工手册基本由 30 页左右的内容构成。如果你的店里没有,那么请一定参考以下内容制作并运用起来。尤其推荐给已经扩展到 10 家店铺以上的企业。

员工手册的主要项目

① 店铺经营理念;② 基本方针(QSC 及服务顾客的心得);③ 工作内容及晋升制度;④ 穿着打扮(外观确认);⑤ 作为员工不能做的事;⑥ 接待顾客的基本礼仪;⑦ 菜单(餐品知识)与点餐用语的使用方法;⑧ 卫生管理与安全管理;⑨ 店内规章(惩罚规定);⑩ 投诉与问题的应对方法。

事先针对以上项目制作出员工手册,就能有条不紊地开展新人培训。制作的关键点是内容明确、易读,使人容易理解。可以加入插画或照片、图表等,这样既具体,又使人感到亲切。

·4·
作业训练的三个关键点

培训师对新人或以晋升为目标的老员工,要按照一定的顺序进行指导。以下是快速、准确、切实传授必要工作方式的顺序。

步骤1 进行工作说明(做给对方看)

① 让对方整理好着装打扮;② 准备必要的工具和材料;③ 说明工作内容和工作目标;④ 逐一展示正确的工作做法给对方看;⑤ 一边说明各项工作的关键点,一边传授。

步骤2 让对方实践操作(让对方做做看)

① 开始要一起工作;② 让对方工作并跟进;③ 让对方一边出声说工作顺序和注意事项,一边行动落实;④ 如果做得好就表扬;⑤ 让对方针对不明白的地方进行提问。

步骤3 进行确认

① 让对方一个人操作;② 忍耐、守望;③ 对进步予以表扬;④ 反复确认,确保对方已经掌握;⑤ 培训师满意,则任务

完成。

　　培训工作不只是为了新人，对于教授的一方（培训师）而言也是一个很好的机会，可以借此思考如何示范，从而帮助新人做好工作。此外，还可以借此实现沟通交流。通过培训教导和察看，再加上正确的评价，员工会更加充满活力。

·5·
导入员工晋升制度

在员工培养方面，大型连锁企业采用的是晋升制度。这是一种根据努力和成长程度进行评价的机制，是能激发人的责任感和积极性的优秀制度。对于还没有采用这种制度的店铺，希望能予以参考。

（1）员工晋升制度

在此将员工的职位设定为 6 个阶段，是按照"受训人员"→"C 级员工"→"B 级员工"→"A 级员工"→"培训人员"→"团队领导"的顺序实现职位晋升的机制。店长不在时，店铺管理就是团队领导或培训人员的职责。

此外，对于企业的培训负责人和管理层，为了确立更加优秀的体系，我推荐制定各层级的详细检查清单和培训课程。

员工晋升制度

	职业等级	培训目标	主题	到达日
★★★	团队领导 (基础时薪+ 150日元)	可以全盘开展日常管控业务 (可以领导开店、闭店工作)	代行 店铺管理	/
★★↑	培训人员 (基础时薪+ 100日元)	可以进行综合操作的管理 (可以托付部分部门的业务 操作,可以进行工作指示)	领导力	/
★↑	A级员工 (基础时薪+ 50日元)	可以应对高峰期和空闲期 (掌握QSC标准,能够指导 受训人员)	时机	/
↑	B级员工 (基础时薪+ 20日元)	可以进行迅速的业务操作 (可以准确并迅速开展店内 清扫工作,在用餐高峰到来 前做好准备)	速度	/
↑	C级员工 (基础时薪)	基本操作准确(能够进行店 内清扫工作,熟练运用待客 七大用语)	可靠性	/
↑	受训人员 (研修工资)	理解店铺及内部规则(掌握 基本操作,灵活运用待客七 大用语)	理解	/

员工规范 (内部规则的贯彻)	○清洁的穿着打扮 ○坚持洗手 ○严格遵守时间 ○汇报、联系、商量	○员工之间的问候 ○团队合作 ○整理整顿 ○开朗活泼

(2) 管理会议

有些店铺会在确立晋升制度之后,由培训人员等组成管理团队,每周召开店长参加的会议。会议内容包括店铺的近期问题、投诉对策、改善方法、新人员工培训的进度情况等各个方面。店长和员工在共享店铺管理信息的同时,还可以将店铺现有的课题作为自身的课题,积极开展工作,增强责任感。还有一种更高水平的策略,即由员工组成管理团队自发性地召开会议。通过让员工积极参与店铺管理,可以使店铺更有活力,创造良好的店内风气。

·6·
表扬方式、批评方式

一个人调动另一个人是非常困难的事,而店长必须调动数名正式员工、短期工与兼职工。尤其是年轻的店长,要对与自己母亲年龄相仿的人进行指导的情况并不少见。对高龄者的灵活录用已经成为时代趋势,有时就是需要指导自己人生的老前辈。如果能让各个年龄层的员工都能充满活力地快乐工作,店铺的运营将会更加轻松。

要调动人,首先要提高他们的积极性。其中最关键的,就是表扬方式和批评方式要合理。做到这一点,有利于团队合作的提升和店铺的活跃。原经团连会长土光敏夫曾说:"该表扬的时候要表扬,该批评的时候要批评。既不表扬也不批评的管理者简直无药可救。"

此外,将汽车用品店发展成连锁企业 Auto Wave 的广冈大介社长也说:"所谓优秀的管理者,是那些最严厉也最温柔的人。"只会批评的人和只会表扬的人都很多,因为这样做很轻松。但只有那些能够适当做出表扬和批评，使人在严格中感受到关爱的领导，才会真正受人尊敬。

保持表扬和批评之间的平衡非常难。通过表扬可以提高员工的自信心和积极性，但只表扬又会使员工沉迷自我，产生依赖心理。同样，批评可以促进员工反省，储备改善的能量，但只批评又会让员工退缩，招致反抗。

下面，我将列举表扬方式和批评方式的关键点，并分别进行说明。

·7·
表扬的七个要点

(1) 发自内心的表扬,而非恭维

恭维只是口头上说,因为没有用真心,所以无法传达给对方。发自内心的表扬会打动对方的心,所以请用最好的笑容去表扬对方。

(2) 即使是小事,也要具体表扬

无论多小的事,只要发现了,就要进行表扬。员工会因为那句表扬的话而深受鼓舞,继续努力,从而不断进步。我还是新人的时候,上级曾表扬我说:"田中回答'是的'回答得非常好。"我因此而十分高兴。我甚至觉得自己之所以能成为店长,就是因为回答得好和积极阳光的性格。

(3) 当时、当场表扬

如果在合适的时机进行表扬,对方就会明白应该在什么时间采取什么样的行动,并对该行动抱有自信,进而不断重复。如果在结账时客人说"意大利面很好吃",那么店长就要立刻去后厨传达客户的声音。这会成为对后厨成员的鼓励。

（4）不只是结果，对努力的过程也要进行表扬

要询问产生良好结果的理由，充分了解员工做出了怎样的努力。发现对方在默默努力一定要表扬。每天关注员工的进步，予以认可，是非常重要的。

（5）利用笔记、卡片、书信、邮件进行表扬

可以利用前面说到的"微笑卡"和"感谢卡"进行表扬，或者在工资明细表中写上一句"这个月也很期待你的表现"，添加上店长充满热情的话语。此外，有些店长还会灵活运用手机邮件进行表扬。

（6）充分使用身体语言，通过身体接触进行表扬

除了语言，店长还可以通过身体语言（笑容或 OK 手势等）进行表扬。我还是店长时，每当有人完成目标销售额（日销售额）或得到了顾客的表扬，我都会与其握手，进行身体接触，就如同职业棒球的教练对于打出①的选手或胜利投手会用拥抱迎接一样。

（7）通过别人表扬，或者公开表扬（早会、全体会议）

通过别人表扬与直接表扬会产生一些不同的效果。由第三者转达表扬，人会更加明确地认识到自己是被认可的，且他人

---

① 再见本垒打（Walk-offhomerun），指棒球比赛里，进攻球队在平手或落后的情况下，由该队打者击出的反败为胜且结束比赛的本垒打。——译者注

也知道自己被认可，这是一件十分高兴的事。尤其是原本双方关系不是很好的情况，可以向第三者传达当事人的优点，再由第三者转述给对方。通过这种方式改善人际关系的例子有很多。

同时，公开表扬也很重要。在早会或者全体会议上，要对最近很努力的人、急速成长的人，以及被顾客点赞的员工进行表扬。在管理层、营销部长或者公司高层巡查店铺时，也要对员工进行介绍并表扬，如"这是我们店的笑容第一名"。对于家庭主妇短期工可以表扬其家人（尤其是孩子），对于学生或自由职业者可以表扬他们的兴趣等。

人都希望被表扬，哪怕是做了一点点的小事都想获得认可。一旦被认可，人的积极性就会提高，并且产生要进一步努力的想法。因此，店长（领导）要一直保持一颗"表扬之心"。

激发员工积极性的用语（表扬方式）

被店长表扬，哪怕只是因为很微小的事情，也会提高员工的积极性。因为一句表扬的话而改善店内氛围甚至是业绩的情况并不少见。以下是提高员工士气的表扬用语：

① 幸亏有你的帮忙；② 你一直很拼命；③ 你真努力；④ 谢谢你；⑤ 你这么快就学会了啊；⑥ 不愧是×××，真厉害；⑦ 你总是能坚持到最后；⑧ 你在××方面称得上天下第一；⑨ 你真优秀；⑩ 你状态真棒；⑪ 这个主意太棒了；⑫ 今天的笑容很好；⑬ 你很有才华；⑭ 你总是这么爽朗；⑮ 你真有活

力，声音很好听；⑯ 你的头脑很灵活；⑰ 交给你我就放心了；⑱ 你是咱们店的王牌；⑲ 能和你一起工作我很开心；⑳ 都是托你的福，谢谢你。

感觉如何？是不是读起来都让人觉得很开心呢？请用这些语言赋予员工动力吧！

·8·
批评的七个要点

(1) 只批评事实，不批评人格

不能对人格或性格进行批评，不能说对方"性格不好"或"印象阴郁"，要就事论事。当对方采取了对顾客不友好的行为时，应对其行为本身进行批评，这一点很重要。性格与事实是没有关系的。

(2) 不在全员面前批评，要一对一地批评

在全员面前被批评，对于当事人而言是很屈辱的。对方不仅不会反省，反而会对批评产生强烈的抵触。因此，店长要极力避免在人前批评员工。如果是被自己尊敬的店长单独叫过去批评，当事人很容易理解，也会真心认为店长是为了自己好。有时候，职业棒球教练会在全员面前对明星选手进行严厉批评，目的是警示全员。

(3) 当时、当场批评

批评的时机非常重要。事件发生很久以后再批评，效果会大打折扣。特别是在食品服务行业，经常会涉及火和一些危险的机器，还会有食物中毒、混入异物的可能性。哪怕再小的问题，如果不在当时、当场进行批评，日后就很可能导致重大事故。当然，也要明确说明不能那样做的原因。

（4）根据对方的资历和性格进行批评

店长要思考适合于每一个人的批评方式。对待老员工和新人的批评方式并不相同。对于已经建立了很深的信任关系的老员工，稍微严厉一些的批评是没有关系的。但是对于沟通还不充分的新人，如果批评严厉，很可能会导致其惧怕店长，甚至因此而辞职。此外，对于不严厉批评就认识不到错误的人、会因为严厉批评而奋发的人，以及一旦受到批评就畏缩的人，都要十分注意。

（5）批评的同时，也要听对方解释

有的店长会批评说"不要找理由"，但有时候也要听取当事人的解释，明确问题出在哪里，引导当事人意识到自身的问题。根据时间和场合，适当听取对方的解释是非常重要的。如果对方已经进行了充分反省，倒也不必穷追不舍。

（6）不要情绪化

批评方式分为三种，分别是"提醒"、"批评"和"怒斥"。"提醒"，就是促使对方注意；"批评"，就是强烈地提醒或告诫；"怒斥"，就是严厉斥责。"批评"是充满感情的行为，而"怒斥"是发泄自己情绪的行为。对新人"提醒",对资深员工"批评",这是批评的基本原则。但是,当发现最近大家都很懒散时,为了唤醒大家,可以在全体会议上对全体员工进行彻底的怒斥。

(7) 批评之后不要疏远

批评之后,人际关系可能会变紧张。我年轻时开朗活泼,经常被自己尊敬的前辈和师父们批评,但因为总能感觉到有"我对你充满期待"的感情在里面,所以我反而更有积极性。

要采用让对方对你充满感谢的温暖的批评方式。在批评之后,你要充满感情地对他说:"这可不像你,明天开始还要像往常一样努力啊。"第二天,你要主动和对方打招呼:"早上好,×××。"这样做的店长,才会得到员工的尊敬。

在描绘德川家三代的电视剧中有这样一幕。对于人缘很好、几乎从不批评家臣的第二代德川秀忠,德川家康教导他说:"上位之人,必须心中养着一只魔鬼。"批评,就是如此重要。

有一种批评方式是在表扬过去功绩的同时进行批评,这是一种更高水平的批评方式。例如,"我一直对你充满期待,正因如此,希望你不会再犯今天这样的错误。"掌握更好的批评方式,是店长的职责所在。

只要掌握了表扬方式、批评方式的诀窍,真情实意地对待员工,那么无论是表扬还是批评都绝不是难事。关键在于"充满感情地表扬,冷静地批评"。表扬的时候,店长自身也要表达出喜悦的感情;批评的时候,则要采取冷静且有逻辑的态度。有不少店长和管理者将这两点完全弄反,总是"冷淡地表扬,情绪化地批评"。

二宫尊德曾说:"对待爱护之人,数其五点,表扬三处,批评两处,则其会成为优秀之人。"先人的教诲,我们要细细品味。

·9·
提高女员工的积极性

食品服务行业的店长多是男性。虽然快餐店和咖啡厅等的女性店长在逐渐增加，但就行业整体而言，90%以上的店长都是男性。与之相对，从事食品服务行业的员工中，女性所占的比例更高。如果男性店长无法充分理解女性心理，很容易导致女员工的能力无法充分发挥等问题。因此，店长需要知道提升女员工的积极性、激发她们能力的秘诀。

(1) 称呼对方姓名

称呼对方姓名是对对方予以认可和尊重的表现。要让对方有责任感地开展工作，首先要认可其个人。爽朗地对每个人打招呼的店长在女员工中拥有超高人气。

(2) 积极对话

店长应该与当天出勤的全体员工打招呼。不限于聊与工作相关的事，关于兴趣或者是家人的话题也可以。休息时，可以抽出一小部分时间与员工轻松交流，增加相互之间的亲密度。

尤其是女员工，她们很重视对话和接触。

有句话叫"一个笑容，一个信号"，意思是在员工早晚出勤时用笑容迎接，是发出的一个友善的信号。换句话说，这是一种礼仪。例如，当对方换了发型时，可以笑着打招呼说："真好看，很适合你。"这是为了让对方能够心情愉悦地开始一天而对其发出的信号。

（3）对资深主妇兼职工予以高度评价

对于经验丰富的资深主妇兼职工，要经常予以高度评价，展现出对对方的信任。对方知道自己作为战斗力被认可，会更加充满活力地努力工作。资深员工的力量非常大，会带动店铺整体能力的提升。

（4）通过表扬激发女性能力，而非严厉批评

对于男性兼职工，有时候严厉批评会比较有效；但对于女性，多数情况下要听取对方的解释，同时予以提醒。与其他女性兼职工进行对比批评，或者进行与工作无直接关系的提醒，这些都是禁忌。首先要进行彻底表扬，这是激发女性能力的诀窍。被受人尊敬的店长表扬，激励效果会倍增。

（5）公平对待

女性非常重视公平，所以店长不能只对特定的人给予关注。一般情况下，店长把握员工的情况要花一个月，但员工只需要一天就可以看透上司。在这一点上，女员工表现得尤为明显。

★提高女员工积极性的关键

① 良好的人际关系、易于亲近；② 彻底表扬；③ 公平地评价。

创造女员工可以活跃表现的环境，这也是成为实力派店长的条件。激发女员工的能力，能够进一步提升店铺的氛围和风气。[8]

·10·
提高员工留存率的要点

有不少店铺表示：好不容易录用到新人，他们却很快就辞职了。我们来思考一下其中的原因。

(1) 新人员工想从店铺辞职的理由

① 不能明确传授工作，让人不安；
② 努力也得不到认可；
③ 员工与店长（或者员工成员）之间没有沟通交流；
④ 员工间的人际关系差；
⑤ 人手不足，经常长时间、高强度工作；
⑥ 职场的劳动环境差。

(2) 提高员工留存率的关键点

① 加强员工与店长、员工之间的沟通交流；

· 每天与全体人员打招呼；

· 持续以感谢的心情待人；

· 有效使用可以激发干劲儿的表扬用语；

· 定期开展咨询辅导（1~2个月一次）；

· 通过店内活动、竞赛提高团队合作意识；

② 整备新人培训体系，确定责任培训人员；

③ 导入晋升制度和表彰制度（表扬机制）；

④ 让员工为在你的店里工作而感到自豪和喜悦（为地区顾客做贡献、通过工作获得成长等）。

·11·
员工绽放光彩的真实瞬间

(1) 负责引导的员工开始绽放光彩的理由

我在采访高级居酒屋的实力派店长时,听到了一个普通员工绽放光彩的事例。

这是一名负责引导的女员工急速成长起来的故事。这名女员工之前上班都会避开繁忙的周末高峰期,也感觉不到工作的价值,现在却比任何人都充满活力,笑容十分灿烂。她的成长是出于人手不足,店长拜托她星期六来上班为契机开始的。

在日本,顾客首先会在入口处,由穿着和服的女性引导员迎接进店。这一天,一对老夫妇来到店里,对她说:"你们店的氛围很好。"在入口处的墙壁上有流水,能让人联想到瀑布,赏心悦目。这对夫妇在用餐时看到她干活干脆利落,临走之际还表扬她说:"你推荐的菜品非常好吃,谢谢你。你们店非常棒,我们还会再来的。"他们还邀请入口处的四名引导员合影留念,然后在那里开心地聊了一会儿才走。

几天之后,他们又带着打印出来的照片来到店里,问道:

"小C在吗?"指名找那名女引导员。从那以后,他们就像对待亲孙女一样疼爱她。以此为契机,她开始不断闪耀起来。让顾客高兴成了她自身的喜悦,工作起来也变得非常开心。就这样,她开始积极努力地为顾客服务。

店长说最近像她这样的员工开始变多了。我在本书中多次提到,当员工切实感受到顾客的喜悦并将其转化为自身的喜悦时就会上升一个级别。我把这个瞬间叫作"真实的瞬间"。

(2)"你们就是品牌"

据说,星巴克咖啡的原部长黑石和宏还是员工的时候,曾经被星巴克咖啡日本创始人、时任社长的角田雄二询问:"为什么我们不在报纸或杂志上打广告呢?"

因为当时还有其他员工在场,所以角田雄二就把店门口当成了露天教室。他这样讲道:"因为你们就是品牌。广告确实很重要,我也没有否定广告的意思。但在这之前,我希望各位能对销售咖啡豆这件事感到自豪。人们觉得星巴克好,是因为大家把对工作的自豪感传达给了顾客。"听到这席话,当时在场的所有员工都纷纷点头。

在星巴克的员工满意度调查中,"对于在星巴克工作感到自豪"的人数竟然达到了86%。[9]

07 店长的领导力

·1·
领导力的特质与皮格马利翁效应

《广辞苑》对"领导力"的解释是"作为指导者的资质、能力、力量、统率力"。那么作为餐饮店的店长,需要具备怎样的领导力呢?

(1) 发挥领导力所需的七个特质

① 有能够指导他人的知识和技术;

② 有激发、活用他人优势的能力;

③ 有梦想、明确的愿景和使命感;

④ 周身散发积极向上的能量;

⑤ 拥有知性的能量和旺盛的好奇心;

⑥ 有激发他人积极性的能力;

⑦ 身心健康,持久力强。

领导者需要有上述特质。朝日啤酒前社长樋口广太郎先生针对成功的领导者曾这样说道:"只要声音洪亮,面带笑容,朝气蓬勃,再稍微有点儿才智,大部分的事就都能做好。"也就是说,领导者要有"人性魅力"。

(2)"期待值造就人才"的皮格马利翁效应

下面介绍一个心理学实验。该实验针对刚入学的小学生开展智力测试,由新上任的班主任老师公布获得"优秀结果"的孩子们的名字。但是,这些"优秀"的孩子实际上都是随机挑选的普通孩子。一年后再次进行智力测试,结果发现这些"优秀"孩子的成绩明显提高了。是老师的期待带来了孩子们能力的提升。

心理学家罗森塔尔博士说:"人对于对方的期待会敏感地予以回应。"只要对他人予以信任和期待,对方就会采取回应这种期待的行动。这被称为"皮格马利翁效应"。

我为客户开设的全年店长研修课程中,皮格马利翁效应有时也会发挥作用。我要求店长们每月提交报告,对于报告写得非常好、充满积极性的店长,我会当众进行表扬。这样一来,店长就会为了回应我的期待而每月采取相应的行动,变得越来越积极,成为非常有魅力的店长。我把这称为"打开了开关"。最终,该企业的培训负责人给我带来了喜讯:"托您的福,小A最近一下子变得积极起来,行动力也很强。"

员工也一样。如果店长一开始就相信员工能把工作做好,那么他们一定会努力回应这种期待。即便是那些不积极的员工，只要店长抓住机会发挥他们的优势，与其接触，那么他们一定会有迸发出积极性、大步成长的那一天。

你也要展现作为店长的领导力，发挥员工的才能，使其在店里发挥作用。看到员工的优点时，可以在早会上表扬，可以向第三者诉说，也可以将其写在笔记和卡片上，以此提升员工的积极性。只有让他们每一个人都成为明星，店铺的水平才会显著提升。

★小小的胜利

美国著名咨询师汤姆·彼得斯说过一段关于"小小的胜利"的话：

"为了挽救低迷的业绩，只能通过'小小的胜利'来使所有的正式员工、短期工、兼职工成为胜者（并且是按照他们易于掌握的节奏），从而创造势头，让他们拥有'只要努力就能做到'的自信。除此之外，别无他法。'胜利'是关键。

"大多数人都认为自己是胜者。据说，几乎所有人都认为自己在合作及协调方面可以排进前1%。不仅如此，几乎所有人都确信自己在领导力方面可以排进前25%，即使是在可以客观评判优劣的技术（如运动能力）方面，我们也认为自己可以排进前25%。

"也就是说,几乎所有人都自诩为精英。既然如此,就要设计出普通人也可以实现的课题。想要在短时间内实现惊人的发展,就要将不显眼的普通人变成明星,挖掘出潜藏在普通人身上的明星才能。"[10]

· 2 ·
成为员工期望的领导

人们都喜欢追随什么样的人呢？一项 25 年前的问卷调查结果揭开了谜底。这是对员工所期望的领导的性格、特质、属性进行的调查，而不是领导所认为的领导的样子。调查方法很简单，就是让员工从以下 20 项中挑选出 7 项自己最期望和评价最高的领导特质。以下按照排名的先后顺序介绍。[11]

特质	%	特质	%
正直	89	善于合作	25
有远见	71	有勇气	25
鼓舞人心	69	意志力强	25
有能力	68	体贴	22
知性	48	忠诚	18
公正	39	有想象力	17
率真	36	有野心	16
宽容	35	成熟稳重	15
善于支持	35	自制力强	10
可靠	34	独立	4

有 60% 以上的人选择了排名靠前的 4 项。而且令人震惊的是，25 年间，这个结果几乎没有发生变化。以下对这 4 项进行简要解读。

① 正直（Honest）

正直的人值得信赖。也就是说，作为领导者，最重要的是能够让人信赖。

② 有远见（Forward-looking）

Forward-looking 还被译为"有先见之明的"或者"能考虑到将来的"，意思是目标和使命明确，拥有确切的愿景。

③ 鼓舞人心（Inspiring）

员工期望的领导热心且精力旺盛，能够为理想而斗志昂扬，鼓舞员工，给予员工希望。善于鼓舞人心的领导，能够聚集大量的人才。

④ 有能力（Competent）

如果员工确信"这个领导有知识、技术和经验，具有引导组织的能力"，那么这个领导就能获得员工的全面配合。所谓领导，就是在引导他人的同时自身也能不断进步的人。

·3·
杰克·韦尔奇的领导力

通用电气公司（GE）的前董事长兼 CEO 杰克·韦尔奇通过发挥其强大的领导力，让通用电气公司成为全世界市值第一的企业，被誉为"20 世纪最伟大的经营者"。杰克·韦尔奇有很多名言，如"要在被迫变革之前进行变革""要从无法成为世界第一、第二的企业全盘撤退"等。下面是杰克·韦尔奇对于领导力的看法，值得参考。

(1) 领导应该如此：杰克·韦尔奇的领导力

成为领导之前，成功是你自身的成长。但是一旦成为领导，让他人成长才是你的成功。领导，就是要培养出领导！

(2) 领导应该做的事

① 领导要以团队的成绩提升为目标拼命努力。要抓住一切

机会对团队的工作状态进行评价、监督,赋予团队自信。

②仅让员工理解愿景(目标、方针)还不够,领导必须让员工完全沉浸到愿景之中。

③领导要进入大家的内心,向他们灌输积极、乐观的能量(领导的言行要具有感染力)。

④领导要通过率真、公正透明、守信构建信赖关系。

⑤领导要有根据直觉做出惹人厌的决定的勇气。

⑥领导要以满满的好奇心向员工提问,并推动员工以行动予以回应。

⑦领导要有热烈的庆祝行为(优秀的领导能够发自内心地关心员工,期望他们的成长和成功)。[12]

下面介绍的实力派店长的例子,正好符合⑥的要求。

有一位店长,每天一有闲暇时间就与全体员工打招呼并提出要求,如"你拿三个盘子试试""你说说这个菜单的餐品知识"等,不断重复1分钟的OJT。

还有一位店长会问刚给顾客上餐的员工:"刚才的服务,100分满分的话,你给自己打几分?"员工回答:"80分。"然后店长又继续深入问道:"那为了打100分,还需要做什么呢?"

通过每天重复这样的训练,员工能够逐渐进步,从而不断成长。

·4·
实力派店长的思想准备

有一家美味的回转寿司店,因其活动独特且富于活力而闻名。在这家店的办公室里,张贴着一位年轻的实力派店长的"思想准备"清单。那是店长将自己迄今为止所学的内容记录、整理出来的成果。他每天都会查看,反思自己是否具有作为领导的思想准备。下面对此进行介绍。

领导的思想准备

① 不要试图改变他人,但要向他人展示自己改变的姿态。

② 重视伙伴的梦想,做最好的支持者。

③ 绝不说负面、消极的话。不顺利的时候更要使自己振奋,向伙伴说几句激发干劲儿的话。

④ 一流的领导是能将分内的事做到极致的人。越是分内的事,越要全身心投入(打招呼、握手、交换名片、听取他人的意见等)。

⑤ 无论是批评还是表扬，一切都以尊重为前提。在指挥他人之前，首先要成为受人尊敬的领导。

⑥ 每个人都有可能性。无论发生什么，都要彻底相信伙伴的潜力和可能性。

⑦ 最难的工作、他人都不愿意做的工作，自己要主动承担。比起语言，用行动示范更重要。

以上每句话都值得铭记。

08 店长的沟通方式与动机

· 1 ·
在早会、晚会上共享信息

运营能力强的店铺有一个共通点,那就是信息传达力强。每天举行早会,将信息传达给全员,团队合作和参与意识都会提高,每个人的责任感也会不断增强。

早会的重点事项如下:

① 提供信息;
② 确认穿着打扮;
③ 经营理念的渗透、贯彻;
④ 目标及进度确认;
⑤ 待客训练(角色扮演、发声练习);
⑥ 提高士气。

此外,早会也是增强营业前的紧张感和集中力的场合,更是店长郑重讲述自身赋予餐饮行业的热情的场合。

开早会的实例

① 打招呼说"早上好,现在开早会"(摆正姿势);

② 齐呼店训和经营理念;

③ 公布前一天的销售情况并深刻反省(顾客投诉或表扬的话);

④ 确认今天的目标和预约情况;

⑤ 互通联络事项及新餐品的相关事项;

⑥ 进行今天的一分钟演讲(交替制);

⑦ 进行今天的工作任务分配;

⑧ 执行1分钟OJT培训(本日推荐的角色扮演等);

⑨ 对努力的员工进行表彰;

⑩ 其他,提问或交换意见后表达期许"今天也拜托大家了"。

因每天实施"日本第一认真的早会"而闻名的居酒屋TEPPEN的早会是从大声的演讲训练开始的。

演讲的主题是"梦想、感谢、喜爱的话语"等。演讲者会在全体人员面前大声宣布自己要成为这个方面的第一名。例如,"给人活力的男子第一名""立刻执行的行动力第一名"等。

早会的最后是打招呼训练。连续呼喊"是的",在有节奏地、充满朝气地喊出"欢迎光临""谢谢光临"之后,早会结束。

TEPPEN 的早会带来了显著成果：发出响亮的声音调动了大家的积极性；积极的语言活跃了店内的气氛；每个人真心地相互碰撞加强了团队的一体感。

TEPPEN 的早会也有其他公司或其他连锁店的人参加。我曾经采访过的实力派店长和我的客户（企业高层）都参加过，他们会将在那里学到的知识在自己的店里实践，有些店铺还因此提高了业绩。请你一定要参考"日本第一认真的早会"的做法。

·2·
高效传达信息

为了对联络事项进行再次确认、将信息传达给未能出席早会的员工，可以用留言板或联络笔记传达信息。

我做店长时，会在白板做的留言板或联络笔记上填写最近的问题点和注意事项。员工来上班时，我会向他们提问："请说出5条今天填写的注意事项。"如果有人说不出来，我会要求他重新看留言。店长每天亲自督促员工执行，日常工作才能作为常态固定下来。

如果所有员工都能贯彻执行规定的事项，那么店铺在与其他店铺的竞争中就容易胜出。店铺的水平是由执行力的差距决定的。希望你能将店铺的执行力提高到具有压倒性优势的水平。

此外，顾客的称赞也要与全员共享。将员工之间感谢的心情传达给全员的"感动笔记"或"幸福笔记"也是有必要存在的。

在此介绍一下待客顾问北山节子写的专栏文章《充满笑容

的店》(《日经 MJ》连载)。

我做销售员的时候,经常有顾客说:"这家店总是充满笑容。"

我想,这大概是因为我们员工之间进行了"幸福的共享"。店里的一点点好事或者令人开心的事、感动的事都会被写到联络笔记上,供全体成员共享。

"某某顾客来到店里,说店里的展示经常变换,很有意思。"

"某某顾客夸奖新人小 A 和小 B 的打招呼问候做得非常好。"

"小 C 今天身体不舒服却能保持笑容,我要向他学习。小 C 辛苦了,要好好休息啊!"

"小 D 将大量的到货餐品整齐地放进了仓库。太感谢了!"

像这样,通过互相分享做销售员的喜悦,你会有更多的机会去设定目标,思考怎么做才会令顾客满意,进而不断产生新的想法。

同时,员工之间也会开始相互关心和照料,笑容充满活力。甚至连之前无法从销售这一职业中发现乐趣的员工也会开始以最诚挚的笑容迎接顾客。

在店里放置"幸福板",或者利用已有的联络笔记进行"幸福的分享"吧!

· 3 ·
通过"站立会议"强化沟通

人际关系问题多由沟通不足导致。哪怕只能抽出很短的时间，店长也要注意每天与全体员工进行沟通，绝对不能让员工在一整天都没有与自己说一句话的情况下回去。即使一天只能抽出一分钟的时间，也可以传达信息和提出建议。可以询问一下员工的身体情况，或者聊聊他们感兴趣的话题。面带笑容轻轻松松地打声招呼，日常沟通就会不断构建起信任关系。

沟通要点清单

你平常是怎样与员工进行沟通交流的？请按照以下项目对自己进行检查。如果对所有项目的回答都是"Yes"，那么你店里的沟通是比较理想的。

① 与新员工进行充分沟通，在其进店后的一周，每天工作结束后都进行面谈。

② 每天举行早会、晚会、总结会，交换信息和意见。

③ 每周组织开展一次管理团队（店长、正式员工、短期工与兼职工领队）会议。

④ 全体员工都知道本月的具体行动目标。

⑤ 面带笑容地向全体员工打招呼（一个笑容，一个信号），工作结束后向他们说声"辛苦了"。

⑥ 对于服务令顾客满意的员工或工作有所进步的员工，当时、当场予以表扬。

⑦ 一两个月左右进行一次与全体员工的评估面谈。

⑧ 每天都与员工进行一分钟沟通。

⑨ 切实遵守与新员工的约定。

⑩ 每月一次，举行全体会议。

·4·
通过每月一次的全体会议加强团队合作

每月一次,要聚集80%以上的员工召开全体会议。

会议上可以说的内容非常丰富,如店长讲话(在商业上的志向或梦想等)、经营理念的落实情况、新产品的介绍、本月的具体目标、季节性折扣等。此外,为了提升员工动力,还可以对本月最佳员工或优秀员工进行表彰。全员参与的娱乐活动(联谊会)也要在这个场合进行讨论,且娱乐活动的策划最好交给员工去做。

通过百余次对实力派店长的采访,我明白了一件事:QSC运行水平高的店铺都会召开全体会议,而且员工之间会进行自主讨论。

月刊《餐饮店经营》上连载的《匿名调查的关键》(涩谷行秀)中,对在匿名调查中满分200分、经常获得180分以上的超级优秀店铺的全体会议的共同项目进行了列举:

① 每月定期举行一次以上的会议；

② 参与人数达到70%以上；

③ 每次的举办时间在2小时左右；

④ 店长的发言比例在10%以下。

值得关注的是④的发言比例。也就是说，要以员工为中心展开讨论。例如，针对"为了提高顾客满意度，要进行怎样的服务？"这一课题，要让员工进行积极讨论。如同我前面反复强调的一样，比起被店长命令着去做，员工自主思考并行动，执行力会更强。

咨询师船井幸雄提出了"$1:1.6:1.6^2$法则"，用来表示员工工作时的动力与效率之间的关系。

1=被上司命令做一些不愉快的事情时的效率；

1.6=认可命令去做时的效率；

1.6^2=自己计划、执行时的效率。

这种方式不仅能提高员工的动力，还能调动和发挥员工的优势，令其表现活跃。

通过不断重复这样的会议，员工对店铺的忠诚度会提高，会因为在你的店里工作而感到自豪。同时，团队合作和一体感也会增强。因此，我强烈推荐开展每月一次的全体会议。

·5·
兼职工给店长的一封信

这是一封兼职工写给店长的信,信里表达了他想从店里辞职的意愿。实际上,这封信是我的客户A店长从写信人B那里拿到的。A店长虽然很优秀,但是由于人手不足没能与兼职工进行沟通交流。下面,我将对这封信的一部分内容进行介绍。

致店长:

我知道您每天都很辛苦。

我平常思考了很多事情,口头说的话说不到核心,所以我就写了下来。我会把自己的想法和盘托出,可能会有一些失礼之处,但请您接受一名兼职工的意见。

我想7月份辞去在C店的兼职工作。理由只有一点,我觉得没有"工作价值(内心的成就感)"……(之后,B又叙述了刚开始工作时设定的自我目标、逐一达成的过程,以及通过与当时的店长、伙伴、顾客的沟通交流发现工作的意义和乐趣的经过,等等。然后,他又以此为切入点,说C店现在拥有众多问题,原因在于"沟通不足"。)

(前略)以前就被指出的"上餐时间"问题,我认为是C店最大的问题。正式员工应该是在了解原因的基础上向我们发出指令的,但是到底有多少内容真正传达给我们了呢?说实话,我至今也不能理解正式员工的目标是什么……我认为如果信息没有完整地传达给大家,就没有任何意义……公司内部报刊上也点名提出"C店上餐很慢,很不像话"的问题,作为兼职工我很不甘心……正式员工似乎觉得"兼职工可以独立成长",但是C店首先需要创造出能实现这个理想的环境。无论兼职工多么努力,以目前的状态来看,店铺都不可能会有飞跃性的提升。我认为在努力之前,必须对根本问题进行改善……

(接下来,B又说如果正式员工或店长觉得他说的话莫名其妙,那么希望对方能给出一个他能接受的解释。他希望学习更多的东西,因为无论是兼职工还是正式员工,想让店铺变好的心情是一样的,希望公司能多体恤兼职工的这种心情。)

(前略)然后,请建立一个努力的人能够被认可的体系。不只是要反映在工资上,而且就算是关于工资,迄今为止我与A店长面对面的谈话也只有过一次,这让我感到非常遗憾……

最后，他用"感谢您阅读这封信"结束了自己的陈述。感觉如何？身为店长，有没有感到心里一惊呢？

从信的内容可以看出，B是一位非常优秀的兼职工。当然，A店长也很优秀。但是由于店铺生意太火爆及长期人手不足等原因，A店长几乎没能与包括B在内的兼职工进行沟通交流。

以这封信为契机，A店长与B进行了促膝长谈。此后，B作为兼职工领队，从顾客到兼职工，对店铺的所有问题进行了思考和改善，大显身手。

看了这封信，我无论如何都想听听B的想法，于是就去见了他。他向我诉说了在餐饮店做兼职工的好处："大学四年的学习也比不上我在C店这两年的兼职经历，它让我成长了很多。有C店，才有我的今天。"

·6·
如何保持良好的人际关系？

店铺运营在团队合作的前提下才能成立。团队内的人际关系不好，这种氛围也会传递给顾客。良好的人际关系是使店铺兴旺的基础。以下列举了一些关键点。

构建良好人际关系的关键点

① 给予对方纯粹的关心；
② 承认对方的优点与重要性，心怀敬意；
③ 时常以笑容面对；
④ 认真倾听对方讲话；
⑤ 自己出错时坦诚道歉；
⑥ 重视对方，表达谢意。

最近，我在地铁里看到某大学心理学学科的广告后，恍然大悟。广告内容是"为什么人会喜欢上喜欢自己的人"。喜欢对方是构建良好人际关系的第一步。

在五木宽之的散文《人际关系》中出现了"带有敬意的评价"这句话，意思是即使讨厌对方，也要认可其该认可之处。即使是自己讨厌的人，也可能具备工作出色、感觉灵敏、不轻易放弃、不说谎、有胆识等特质。只要有一点值得认可，就应该与其交往。心里想着那是个混蛋，但是又感觉对方真了不起。这样的人，最好能成为朋友。同理，对方对于给自己正面评价的人，也会抱有好感。

·7·
星巴克的"互相称赞机制"

客户方的社长或营销部长经常问我:"星巴克的员工总是在充满活力地开心工作,为什么会有那么多活泼开朗的员工呢?"接下来,就让我们探索一下在品牌印象调查中获得第一名的这家餐饮连锁企业所独有的、员工能够充满活力的工作机制。

我第一次去日本国内的星巴克是在10年前左右。因为那里的咖啡很好喝,所以我想买一些咖啡豆当伴手礼。当我正茫然于做选择的时候,一位员工立刻面带笑容地走过来。他不仅向我介绍了咖啡豆,还让我试喝了三种咖啡。

当时我就感叹于他们贴心的服务,坚信这家连锁店一定会做大。从那以后,我自己也成了星巴克的粉丝,经常光顾。而他们这种积极的姿态,如今依旧如初。

2009年年末,我在看星巴克圣诞节限量版马克杯时,员工立刻告诉我说:"这一款只有今天能买到哦。"不用说,我立即就掏钱买了。

夏季推出新的饮品时，你会看到星巴克的员工端着试喝的纸杯在店内外走动，甚至还会遇到店长与新人长时间融洽交谈的场景。在星巴克的所有店铺里，这些事情每天都能被切实执行。星巴克的做法确实非常优秀。

通过采访星巴克的实力派店长和前员工，参考相关书籍，我对星巴克的企业理念、目标、对伙伴（员工）的支持机制进行了总结。

企业理念

·使命宣言

星巴克的使命是，在公司成长的同时，坚守原则与信条绝不妥协，提供全世界最顶级的咖啡。

·目标

打造给心灵提供活力和营养的品牌，成为世界上最知名、最受尊重、永不凋谢的伟大企业。

·哲学

"One cup at A Time. One Customer at A Time." 为每一位顾客用心提供每一杯咖啡。

·第三空间

创造除了家（第一空间）、职场和学校（第二空间）之外第三舒适的地方（第三空间）。

对伙伴（员工）的支持

① 全员接受80小时的训练（24小时的核心课程）；

② 引导师资格（教授 24 小时核心课程的资格）；

③ 全员咖啡师认证（2 万人的咖啡师）；

④ 质朴的服务（接触、注意、应对）；

⑤ 称赞他人的"喝彩奖""GAB 卡"；

⑥ "星巴克之心"活动（伙伴自主企划、运营的集会）；

⑦ "使命评价"制度（关于公司是否按照理念在前进，伙伴能够确认、陈述意见的评价制度）；

⑧ 伙伴笔记（业务联络笔记）与经验笔记（感动共享笔记）。

下面着重介绍一下⑤中的"GAB 卡"。

GAB 是 Green Apron Book（绿色围裙手册）的缩写。伙伴们会将令人开心、感动的事写在 GAB 卡上，交给其他伙伴和员工。当然，写的人也有机会从他人那里收到 GAB 卡。GAB 卡分以下五种，集齐就能获得徽章：

① 丰富的知识储备；② 有同情心；③ 欢迎；④ 参与；⑤ 用心。

卡片的背面写有伙伴的感谢信息。下面介绍一个例子。

致小 Y：

小 Y，无论何时，你都特别享受工作。因为你总是面带笑容，我和其他伙伴，以及顾客们也都能度过快乐的时光。笑容是会传染的啊！希望你以后能继续保持笑容。热爱自己工作的小 Y，我太喜欢你了！

××

致小 Y：

"整日保持笑容"真是一个很好的目标呢！你不只说到，而且还做到了，你是我的榜样（因为我总是心急）。明天也要努力保持微笑啊，今天也谢谢你啦！

××

像这样的 GAB 卡，伙伴们之间每天都在书写和传递。将感觉很好、很了不起的事坦诚地用语言表达出来是非常棒的。这些卡片是星巴克的前员工小 Y 给我看的，她得到的卡片居然厚达 10 厘米（共有 300 张）。

正是这样一个一个的机制支撑着星巴克的"品牌形象"和"员工的自豪感"。

09
提高销售额的成功案例

·1·
顾客忠诚度的可能性

重复消费的可能性

以下图表是针对"美国消费者的服务满意度与成为回头客的可能性之间的关系"进行的调查。根据调查结果可知,顾客只要不是"非常满意",就不会成为回头客。"一般"和"略微满意"都不可以。

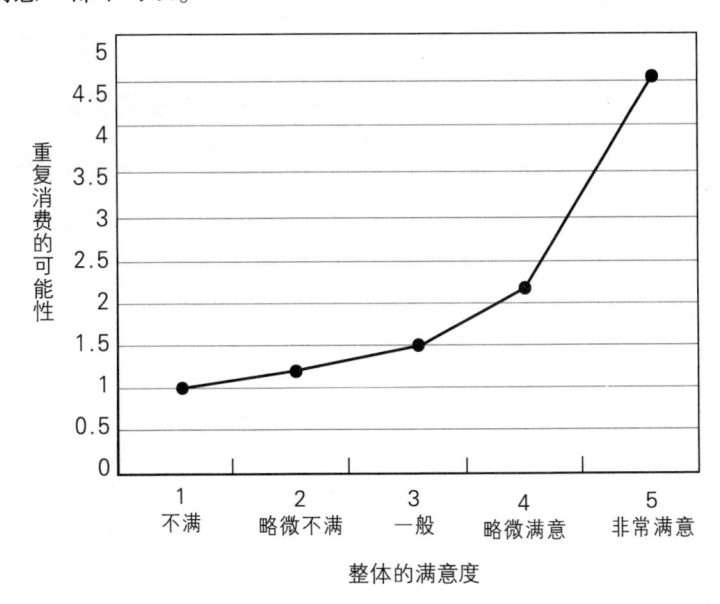

企业（店铺）即使将顾客满意度的平均值从1提升到2，从2提升到3，从3提升到4，顾客提高忠诚度、成为回头客的可能性也非常低。

但是，一旦从4上升到5，顾客忠诚度就会急剧上升。

顾客满意度为5的企业（店铺）相比于顾客满意度为4的企业，根据感动或惊讶程度，店铺能够获得2~6倍的顾客忠诚度。

此外，仅针对"略微满意"的顾客进行的分析结果显示，高达97%的顾客有离开倾向。

企业（店铺）要获得"非常满意"的评价，就需要制造持续性的感动、惊讶和兴奋感。

丽思卡尔顿酒店会在一周后对50位顾客进行电话调查。"门童的迎接非常好""前台很友善，笑容很棒""房间擦拭得很光亮"等40项标准中，"非常满意"的评价率要求达到90%以上。

你的店铺的QSC水平如何呢？能否维持"非常满意"呢？请从这里开始重新审视。[13]

·2·
兴旺店铺的条件

我将兴旺店铺共通的条件总结为以下六项。你可以对自家店铺是否满足这些条件进行确认。

（1）QSC 运营（店铺运营力）水平高

QSC 是餐饮店管理基础中的基础。为了能够在干净得几乎可以反光的店铺内，以充满笑容的最佳服务为顾客提供高品质的餐品，餐饮店每天都要对员工进行培训与训练。如同"追求平凡到极致就是非凡"这句话所说，每天切实执行是实现店铺兴旺的关键。

（2）有顾客满意度高的武器（招牌菜）

餐饮店在招牌餐品、餐品构成、专业性、新鲜度、素材、安全性方面应十分讲究，要有像"那家餐厅最有名的汉堡""那家意大利餐厅的玛格丽特比萨"一样能被称为"那家店一绝"的、令人记忆深刻的招牌菜。所谓强大的招牌菜，是指仅这一样就能占到餐品构成中 20% 以上的餐品。

此外，美味还要富有"期待感"，可以通过容量、声音、季节感、温度、装盘、香味等刺激顾客的五官感受。其中，灵活运用 VMD（Visual Merchandising，视觉营销）的手法很重要。餐品应充满新鲜出炉的现场感，给人以视觉冲击。例如，采用开放式厨房，主厨在制作汉堡肉饼时，其帅气的站姿和炭火燃烧产生的烟雾映入顾客眼帘，周围充斥着烤肉的声音与香味；被端上餐桌的汉堡肉饼在铁板上发出刺刺的声音，服务人员浇上的汤汁在滚烫的铁板上飞溅，让人迫不及待地想要下刀开吃……要能上演这样美妙的一幕。

(3) 团队合作良好，店铺充满活力与温情

你是否能看到员工脸上充满生机的表情？全体人员都能享受工作，这种心情就会切实传达给顾客：早上能在咖啡厅享受到温暖的迎接，顾客就能开启清爽的一天；晚上能在居酒屋享受到充满活力的服务，顾客就能储备明天的活力。顾客追求的是充满款待精神的、令人心情舒畅的服务。餐饮店的氛围，能够创造销售额。

在我常年开设的店长研修课上，店长们通过讨论，列出了以下服务行动清单，然后通过决策、实践，取得了很好的成果。如果员工也能参与讨论，由全体人员决定清单内容，效果会进一步提高。

服务的 15 项行动

① 用最好的笑容迎接顾客；

② 时刻心系顾客；

③ 积极对话；

④ 在过道处微笑着让路；

⑤ 桌子、椅子、地板时刻保持干净；

⑥ 介绍本日推荐餐品；

⑦ 能对所有餐品进行说明；

⑧ 对顾客尽量不说"No"；

⑨ 与常客打招呼；

⑩ 记住 100 位顾客的名字；

⑪ 记住顾客的喜好（餐品或酒水）；

⑫ 贯彻"1 秒笑容规则"；

⑬ 打扫店铺，擦拭餐具；

⑭ 将顾客送到门外；

⑮ 时刻怀有感激之情。

(4) 餐饮店正门具有冲击力

餐饮店正门是餐饮店的脸面，决定了餐饮店给人的第一印象。你的餐饮店正门是否具有吸引散客的冲击力呢？是否具有很高的磁吸效应①，让人一眼就知道是什么店呢？是否能让人充分意识到店铺的存在呢？以下面的例子为参考，你将打造出能让头回客安心进店的正门。

什么是具有魅力的正门

① "什么店"很明确

打造让人一眼就明白是做什么的店很重要。具有明确主张的专业店铺发展得更快，要对店铺门面进行清晰的表达。

② 明确展示招牌菜

对于一天会出100餐以上（或者餐品占有率20%以上）的优势餐品（主力菜、畅销菜），要从门面处开始宣传。

③ 显示招牌菜的价格

招牌菜的价格和菜单构成要展现在门面处，这一点很重要。

④ 能感受到店内的氛围、看到顾客群

如果能从外面看到店内的状态，散客就会安心进店。因此，要让顾客在门面处能够判断出这是什么样的顾客群会光顾的店。

⑤ 明确促销活动等情况

通过展示新餐品或季节性菜单等，引发顾客"好像在做什么活动，进去看看吧"的冲动。

（5）有创造忠实顾客（常客）的机制

如同我在第4章实力派店长共通的八个执行要点中说明的，

---

① 磁吸效应：一种形象地描述群体从众效应的词语。——译者注

能够提高销售额的店长都擅长创造常客。顾客如果对第一次去的店很中意，就会多次光顾，甚至会带朋友、家人或工作伙伴去。当你成为某家店的忠实顾客之后，一定也会想要将其介绍给朋友。这样一来，餐饮店的顾客数量就会持续增长。

以下是为了获得忠实顾客的检查清单，请据此进行自我检查：

① 是否理解创造忠实顾客的重要性；

② 是否重视忠实顾客的需求；

③ 是否努力问出顾客的姓名；

④ 是否尽量以姓名称呼顾客；

⑤ 是否记住了预约宴会的负责人姓名及公司名称；

⑥ 样貌与姓名对得上的顾客是否有100人以上；

⑦ 是否知道忠实顾客在菜品及酒水方面的喜好；

⑧ 是否赠送了手写的生日卡片或纪念日卡片；

⑨ 结账时是否询问了顾客的满意度，说话是否得体；

⑩ 是否对忠实顾客的信息进行了存档记录；

⑪ 对于忠实顾客是否采取了更加友好的应对与说话方式；

⑫ 对于最近没有来店的顾客是否采取了进一步的措施。[14]

·3·
提高销售额的案例

当今时代,"如果还做着与去年相同的事,一般的企业(店铺)就会失去 10%~15% 的顾客"。接下来,我将以日常看到的兴旺店铺为例,探讨并介绍提升集客率、使销售额持续增长的方法。

(1)基础的贯彻:QSC 与笑容

每当接到企业经营者或营销部长"希望对公司进行变革""希望提升店长技能"这一类咨询的时候,我首先给出的建议都是贯彻以下三项内容:

① 能够充满活力地打招呼(不仅是对顾客,还包括员工之间);

② 将店铺擦拭得一尘不染(清洁度的贯彻);

③ 以充满朝气的早会开启一天的工作(使团队合作和店铺的气氛高涨)。

如果能贯彻这三点，50%的工作都能成功。如果做不到，就无法进入到下一个阶段。下面介绍通过贯彻这三项基础内容实现销售额增长的店长的案例。

第一个案例，是位于台场的休闲餐饮店实现上餐时间缩短的技巧。这家店的顾客多是在观光途中或电影开始前着急用餐的人。由于需要迅速上餐，该店开展了严格训练，以提升制作餐品和饮品的速度。由此，餐位周转率大幅提升，甚至创造了"销售额较去年同期增长率为公司内第一名"的业绩。

第二个案例，是在某家意式餐厅举办的"潇洒的店铺宣传活动"中，公司内荣获"感动比例"第一名的店长将以下五点作为关键点，总结了待客的基本要求。其中，保持笑容、亲切友好、堂堂正正非常重要。

① 初次接触面带笑容；
② 面带笑容地积极行动；
③ 主动进行自我介绍；
④ 每桌应接触三次以上（打招呼、推荐、谈感想等）；
⑤ 待客沉稳、友好（自信、安心感、信任感）。

第三个案例，可用于说明笑容是服务的精髓。在一家咖啡餐厅，顾客临走时对店长说"这是我最喜欢的一家店"并要与店长握手，原因是"每次与大厅和后厨的员工眼神交汇时，他们总会回以最好的笑容"。这个笑容表达了"我一直心向顾客，请您随时呼叫"的意思。

还有一位咖喱店的店长。他通过贯彻清洁度，实现了销售额较去年同期增长110%的业绩。在此之前，这家店连标准都没能维持，因此店长十分努力贯彻QSC和"微笑、机敏、爽朗"的要求。其中，他特别注意的是清洁度，要求全体员工每天一次对脏污处进行清扫并填写名为"5分钟清扫实施报告书"的检查清单。清洁做得到位，店内就会变得舒适起来，员工就会关注到周围，在待客和菜品装盘等方面提高服务质量，从而带动销售额的提升。

（2）依靠忠实顾客（常客）创造销售额

销售额提升两位数以上的店铺，一定是因为常客增加了。增加常客，是扩大销售的王道。

有一位咖啡餐厅的女店长揭秘连续三年提升销售额的原因时曾爽朗地说道："是人。"这家店的每位员工都有自己的顾客，且常客非常多，员工甚至只是看到顾客的脸就能开始制作饮品。拥有50多位顾客的员工大有人在，几乎每天都会来的顾客也不少。

如果拥有50名顾客的员工有20人，那么顾客数量就能达到

1000人。如果这些顾客每周到店2次，那么就有2000人次。如果客单价为1000日元，那么每周就有200万日元的基础销售额。由此可见，创造常客是何等重要。

有一位月销售额在5000万日元的汉堡店的经理能够记住500位常客。晚餐时间的顾客有三分之一都是常客。"常来的客人会期望店员跟他进行常客类的对话"，这是只有资深老练的人才说得出的话。常客不只在享受餐品，也在享受与员工之间的对话。而且，每天都有五六组顾客的点餐是完全交给他的。在餐品方面，他也深受信赖。

此外，还有一位实现了销售额较去年同期增长125%的高端居酒屋的店长。他通过灵活使用"顾客笔记"增加了常客。这家店的单间实行责任制，所以员工都拥有自己的顾客。员工各自管理着记有顾客在餐品和饮品方面的喜好、兴趣，以及出生地等信息的笔记。同时，全体人员还会进行信息共享。当常客来到店里时，店长或员工领队会上前打招呼，由全店上下切实服务忠实顾客。

（3）通过外销活动提升销售额

有一家意式休闲餐厅的店长通过积极开展外销活动（企业访问）大幅提升了销售额。他们制作促销工具、确定访问区域、派出很多工作人员，不分昼夜地忙于访问活动。营销做了三年，店铺依旧没什么知名度，店长因此而感到失望。无人理会的日子不断持续，在员工动力即将耗尽的某一天，终于有看到传单的顾客来到了店里。那一瞬间，全体员工都发出了欢呼声。从此，新顾客开始不断增加，此前的辛苦终于结出了果实。之后，他们也积极开展外销活动，销售额较去年同期增长120%，外销销售额突破了300万日元。

还有一位居酒屋的店长，一直坚持每天上班前的4小时（12—16点）访问50家事业所。在他突然到访的情况下，对方接受传单的概率是80%，而随着经验的积累，概率开始不断提升。这种做法确实产生了效果——除了大型企业的宴会预约增加了之外，优惠券的回收每天也超过了20张。当然，销售额也实现了较去年同期两位数的增长。这是一个让我感受到付诸行动并坚持下去的重要性的绝佳范例。

在开展外销活动的积极性方面给我留下深刻印象的，是一家位于大阪的大型居酒屋连锁店的店长。这位店长以法人为中心，积极地与参加宴会的客人交换名片，并且第二天一定会去回礼。回礼时，他会说明下个月的推荐宴会套餐，往往当场就能获得预约。

这样的活动每天达到3小时。这位店长无论调职到哪家店，都会使销售额较去年同期增长超过125%。他现在独立经营的居酒屋生意兴隆，已经有三家分店。作为实力派店长而大展身手的人，即使自己独立创业也能获得成功。

日本 7-ELEVEn 的创始人铃木敏文会长曾呼吁"7-ELEVEn 加盟店的店长要成为一个商人,去进行推销"。在日本,圣诞节蛋糕的销售行情是每家店铺百余个。在人口约为 1 万人的北海道的某个镇上,有一位 7-ELEVEn 的店长。为了获得圣诞节蛋糕的预约,他从 9 月份开始就挨家挨户地进行访问。当然,他在店里也会进行宣传,最终竟然销售出 3000 个圣诞节蛋糕。

(4) 通过店内竞赛造势

越来越多的店铺通过开展公司内部竞赛或店内竞赛,使员工在享受工作的同时以第一名为目标,以此激发其在店内的活力,实现客单价和销售额的增长。有一位中国料理专门店的店长,他每个月都会设定两个推荐餐品的主题,开展销售竞赛,以此提高员工的动力。

例如,以芒果布丁和绍兴酒为主题餐品开展销售竞争,并对数值进行表格化管理。获得第一名的员工能在全体会议上得到表彰,奖品是享受店内的情侣招待。大家以第一名为目标拼命推荐,带来了餐品知识的提高和销售额的增长。

此外,一家拉面连锁店还举办了推荐饺子的竞赛。获得前五名的人都会获得奖品。由于全体员工都在积极推荐,每天售出的饺子由原来的 60 盘增加到了 120 盘,月销售额增长了 50 万日元。

还有一位日式餐饮连锁店的店长策划并开展了一项名为

"经理杯感谢冠军赛"的竞赛。每当有顾客对负责接待的员工说"谢谢"时，员工都会获得1分。之后，员工可以通过自我申报将分数填写到张贴在办公室的表格里。这不是针对销售额本身进行的竞赛，而是针对来自顾客的感谢之声进行的竞赛，是一个非常好的方案。

在顾客呼叫之前就送上热茶或干净的毛巾、看到吃药的顾客迅速送上温水等，员工们开始变得更加殷勤周到。竞赛效果会一点一滴地以改变店铺氛围的形式表现出来，希望你的店铺也能参考实施。

(5) 提高正门的辨识度

我做营销部部长时，有通过改善店铺正门的辨识度提高销售额的经验。这也是我给客户的建议中取得成果的策略之一。

一位海鲜居酒屋的店长将午餐时间的顾客数量提高了2倍。他所做的，就是将店铺正门的引导牌变更为暖色调的、具有冲击力的设计，然后将午餐菜单（600~1000日元）从6种增加到10种，在入口处清楚地展示出来。由此，顾客发现刺身便宜又好吃而纷纷给予好评，工薪层也因口碑不断来店光顾。

(6) 通过手写的 DM[①] 抓住人心

一位日式火锅店的店长通过 DM 实现了销售额两位数的增

---

① Direct Mail，译为"直接邮件"，指直接发送给公司或个人以宣传本公司产品和活动的信片、信件等。——译者注

长。该店通过交换名片、回收服务券、登记生日和纪念日等方式获取了顾客的联络方式，每个月都会送上感谢信，而且这些信都是手写的。

当然，每封感谢信的内容都不同。店长总是一边回忆着与顾客的谈话，一边加入对方的家人、兴趣等内容，用心去写。有的顾客阅读之后深受感动并回信，还有的顾客联系公司总部道谢。当然，这些顾客也会经常带着新客去店里光顾。

餐饮行业面临的环境确实很严峻，希望你能记住这些通过坚持努力而切实取得成果的例子。

（7）开展让人期待的活动

我做店长时经常会在店铺的停车场举办小型音乐会或者夏日祭典。具有童心的欢乐活动，往往会给顾客带来惊喜和梦想。

有一位负责年销售额达6亿日元的京都日式餐饮店的店长，他每个月都会为女性会员提供五次特别套餐。他委托厨师长制作普通菜单中没有的特殊餐品，并且会送去手写的DM。最初是从20人左右的会员开始，提供附带京都小物件作为伴手礼的3000日元套餐。现在由于口口相传，聚餐会员已经增加到2000人，每月大约售出50万日元。但是，其影响却不止于此。该店还在当地大学生的配合下不断策划小型音乐会，获得了广泛好评。

还有一位日式餐饮连锁店的店长，每天都会在店内举办节日庆典一样欢乐的活动。例如：店铺开门时，最先来的顾客抽签会抽中寿司；日式餐饮自助时举办猜拳大赛，胜出的顾客将获得烤螃蟹一份；每天晚上会举办拍卖活动，顾客可以参与对刺身拼盘或鲷鱼宴进行的拍卖，价格基本都是原价。

对于儿童顾客，访店每天都会赠送艺术气球，或者将甜品放在大桶里在餐桌周围游走，进行推荐销售。2009年夏天，店铺入口处开展了全天捞金鱼和抽签活动。总之，就是思考能够给顾客带来喜悦的服务，渲染一种节日氛围，使店铺活跃起来。

以上介绍了一些在集客和提升销售额方面凝聚智慧的实力派店长的事例。你的店铺从明天起要运用什么样的智慧呢？有着优秀店长的店铺会经常召开协商会议，与员工们一起思考能让顾客满意的激动人心的策略并切实执行，给顾客提供"哇，太棒了，好高兴！"这样连续的惊喜。我期待你能挑战成功。

10

店长的自我培养

·1·
重视"非紧急重要事项"

下页的图表[15]是时间管理的优先矩阵图。第一象限是"重要且紧急"的事项,是每日繁忙的工作或迫切需要解决的问题。由于需要迅速应对,因此优先级别最高。但是,如果仅仅因为紧急就将时间全部花费在这些事项上面,那么每天都将一直处于被工作追赶的状态。

真正重要的是第二象限的"重要但不紧急"的事情。通过切实执行这些内容,造成紧急问题的根本原因就会浮出水面,有利于店长思考改善方案,对第一象限的诸多问题防患于未然。当然,也可以解决第三象限的问题。至于第四象限,造成问题的原因会自动减少。

可以说,第一象限是问题处理领域,第二象限是问题解决领域,要一直重视第二象限。店长需要思考"为了3个月后、半年后的发展,现在应该做什么"并进行实践。为此,需要有主动采取行动的能力。而这样的能力,必须通过不断磨炼知识和技能、探究人性，逐渐积累起来。

　　作为本书最后的总结部分，第 10 章将对店长的自我培养进行说明。

	紧急事项	非紧急事项
重要事项	第一象限　○ ・被追赶着的每日工作 ・订购物品、制作工作日程表 ・应对投诉 ・广告、宣传 ・迫切需要解决的问题 ・生病或事故	第二象限　◎ ・人际关系、沟通交流 ・学习与自我启发 ・团队合作 ・兴旺店铺的参观学习 ・领导力 ・准备与计划 ・改善活动
非重要事项	第三象限　× ・大量的电话 ・不速之客 ・大量的会议和报告书 ・无意义的社交 ・杂事	第四象限　×× ・大量的电视节目 ・拖拉的电话 ・单纯的玩乐（打赌） ・打发时间 ・等待时间

·2·
拥有独特的擅长领域

自我启发，重要的是拥有发挥自己优势的领域。

与企业高层客户进行交谈时，我经常会听到"现在的年轻店长等待指令的特别多"一类的牢骚。越来越多的店长听命令行事，对于没被要求做的事连思考都懒得思考，应变能力很差。

这被认为是对工作没有自信的表现。对于提升积极性，在工作中拥有擅长的领域和喜欢的领域是最好的办法。例如：喜欢做菜的人，会看着料理书尝试挑战多种菜品；服务水平突出的人，会尝试学习更高水平的一流酒店的服务；红酒知识丰富的人，会进行调酒方面的学习；擅长厨房机器维护保养的人，会钻研相关的知识和技术；对广告宣传感兴趣的人，会学习其他公司的话题性广告企划……总之，店长要拥有"在这方面是公司第一"的领域。

身为店长，必须分辨出自己与他人的不同之处，也就是找到自己的个性。个性，可以说是每个人被赋予的独特使命。磨炼只有自己才有的能力,对于商业人士来说非常重要。

为此,店长必须在日常工作中努力学习和收集信息。这些事比其他人稍微多做一点,慢慢地就会出现差距,成为巨大的优势。能力的差距或许很小,但努力的差距会很大。

喜欢的事往往能够开心地去做。所以,在享受工作的同时,请尽情挖掘自己擅长的领域吧。

·3·
通过参观其他店铺查漏补缺

在我做营销部部长的时期,提升下属(店长、监管员)运营水平效果最好的方法,就是参观连锁店中 QSC 水平第一的店铺。

女性员工的笑容之美好,推荐菜单的时机之恰当,餐品的质量之高,食材之新鲜,被擦拭得没有一点脏污、堪称完美的厨房,以及令人感动的送行礼仪……亲眼看到这些美的、优秀的方面,才会意识到自家店铺的实际状态。只有看到高水平的店铺,我们才能辨别良莠,进而提高自身以及店铺的水平。

值得参观的店铺举例

① 所属公司(连锁)的 QSC 第一名的店铺;

② 同行业的竞争对手店铺;

③ 销售额和顾客数量增长的、业界普遍关注的店铺;

④ 具有优秀之处的少数连锁店;

⑤ 具备一流服务体验（早餐等）的酒店。

重点是要探索其他优秀店铺能够吸引顾客的要素。要认真观察并探索其中的餐品魅力、QSC 水平，以及自家门店（公司）应该学习的方面。此外，最好不要一个人去。和员工一起去，注意到的事项会更多，更能学到东西。当然，注意到的事项要灵活运用到自己店铺的运营当中。

世界最大零售商沃尔玛的创始人山姆·沃尔顿曾说："与其他公司的经营者相比，我的优势并不是头脑聪明、决断力和统率力强，而是坚持每年比任何人都更多地参观其他公司的店铺。"[16]

希望你能积极参观其他店铺，并借此实现自家店铺的繁荣。

·4·
自我投资

你是否考虑过自己10年后的样子？面向10年后的自己，现在的你都在做着哪些努力呢？

20多岁的时光转瞬即逝。这是商务人士巩固基础的阶段，努力的程度不同，30多岁时的工作内容就会有所不同。管理职位需要有能够很好地指导员工和后辈的能力，而这种能力的基础，是在20多岁的时候打下的。要舍得在这个时期脚踏实地地磨炼自己，进行自我投资。要不惜时间与金钱，将工资的10%作为给自己未来的投资！

所谓自我投资，不仅仅是做参观店铺、研究专业领域、参加研修课和听取前辈的经验等与工作直接相关的事，还包括养成读书习惯、通读报纸、结交新朋友等有助于人格形成的事。希望你能积极通过各种方法努力提高自己。

俗话说：读书使人丰富，交谈使人机敏，书写使人踏实。读书不仅限于商业书籍，能够成为人生指南的历史读物和使人心灵丰富的文学类书籍等都值得阅读。此外，要积极地与值得信赖、尊敬的人交往。与优秀的人交往，自己的人性会升华，商业运气也会更好。

能力是在夜晚与休息日建立起来的。哪怕时间非常有限，也要利用闲暇时间持续挑战。虽然每天微小的努力最初只会带来微小的差异，但 10 年后，肯定会转化为巨大的优势。

有文献显示，连续 21 天（3 周）做同样的事，就会养成一种习惯，持续 5 年，甚至 10 年。养成良好的习惯是自我实现的根本，让我们期待 10 年后的自己，大步向前吧。

·5·
常怀梦想

有数据显示,从事食品服务行业的店长中有30%的人希望自己将来成为干部、参与公司运营,有50%的人希望自己能够独立开店。为了让梦想成真,需要设定明确的目标与具体的计划。只有以此为基础前进,梦想才会实现。

成功人士的条件

在研修课中,年轻的店长经常会问我成功人士的条件是什么。我所认为的"成功人士的条件"有如下六项,20~30岁的店长和管理人员一定要牢记。

① 有活力——志向高远且精力充沛;

② 正向思维——时常保持积极向上的态度;

③ 坦诚——接受的重要性;

④ 爱学习——能够进行自我培训;

⑤ 头脑灵活——沟通能力强;

⑥ 迅速——立刻执行的行动力。

我还是上班族时，上过一门名为"我的人生设计"的研修课。这个研修课要求学员对个人、家庭、工作的各个方面分别设定1年后、3年后、10年后自己期望的目标。我填写这些目标的表格至今还在。

20年后我的工作目标成了"出版三本书，作为咨询师前往日本全国各地"。现在看来虽然算不上是什么大的梦想，但对于当时的我来说，出版图书可真是梦想中的梦想了。如今，我在月刊《餐饮店经营》上连载已经超过25年，本书也是出版的第三本书了。

此外，我在20多岁做店长时曾上过商业界的研修课。如今，从个人店铺到上市企业，我已经可以为300家企业的20000余名店长开设研修课了。正因为对未来设定了明确的目标，我才能够实现这一梦想。

想法是可以实现的，只要意志坚定，就能开辟出道路。梦想是由高远的志向和坚定的意志决定的，而人生可以说是实现梦想的旅程。

希望本书能在店长的经营管理、领导力、员工的培养方法、动力提升的方法等方面为你提供参考。

第11章介绍了我在月刊《餐饮店经营》连载《实力派店长

的不同之处!》时采访的五位最令我感动、印象最深刻的店长[1]及其真实事例。

希望为你带来鼓舞。

由衷地感谢你能阅读到本书的最后。谢谢。

---

[1] 各位店长的职称、工作地点均采用采访时的信息。

# 11

事例：实力派店长的不同之处！

11 | 事例：实力派店长的不同之处！

《实力派店长的不同之处！》从 1998 年起在月刊《餐饮店经营》上连载。下面将介绍我从中精选出的五位店长。我采访的实力派店长，每一位身上都充满了闪光点，拥有自己的优势和强大的执行力、持久力，以及优秀的行动力。店长是带来变革的主角。希望这些事例能为你提供参考。

· 1 ·
Casita
——青山店店长柳沼宪一

  Casita 是一家以亚洲风高级度假区为主题的新型餐厅。店主高桥滋的理念是打造"不仅能满足人的胃,还能满足人的心"的餐厅。该店于 2001 年在六本木开业,于 2005 年迁到现在的青山。这里不仅有日本国内的顾客,还有很多国外的顾客,有些人不远万里前来甚至只是为了到 Casita 用餐,就连一流酒店的经理也会为了学习而专程前来视察。

  时隔三年再次来到 Casita。令我震惊和感动的是,柳沼店长不仅记得我,甚至还记得 3 年前与我交谈的内容。于是,我大胆地向店长提了一个请求,想对他进行采访。柳沼店长笑着回答我说:"问什么都可以。"这句话里凝聚着对顾客不尽的心意,以及绝对不会拒绝的姿态。

Casita 传闻中的服务

  首先,介绍两个 Casita 令人感动的服务的故事。

有一天，一位男性常客来找店长寻求意见。这位顾客在与一位心仪的女士交往，他正在考虑向对方求婚。这位女士出生于新潟，现在居住在美国圣地亚哥。由于她近期要回国，计划在 Casita 用餐，所以他希望届时能够上演美妙的一刻，抓住对方的心。

于是，柳沼店长就提议用她故乡的雪将阳台装饰成银白色的世界，并在前一天的晚上与两名员工租了卡车前往新潟。他们用雪铲装满积雪后迅速返回店里，将阳台铺满雪已经是早上 8 点了。之后虽然回了家，但因为担心阳台上的雪受晴天影响，柳沼店长在 10 点又返回了店里。结果发现，其他两名员工也是同样的想法，他们已经在店里等候了。

不久，两位顾客终于来到了店里。在阳台座位的窗边放着雪人，她一下子就注意到了。柳沼店长对她说："这是您家乡的雪哦。"她震惊得说不出话，眼里已经浮现出泪花。这是多么令人羡慕的一幕，多么温暖人心的招待，多么美好的求婚啊！

如果是想凭租用卡车往返新潟、三人工作一整晚赚钱，该店是无法提供这样贴心的服务的。正因为有能够帮助他人获得幸福并见证这一完美瞬间的喜悦，才会产生这样令人感动的服务。当然，如果这两人能成为忠实粉丝，在家庭纪念日时也能来 Casita 的话，那么从结果上来说，也是对店铺发展作出了贡献。

还有一个故事，主角是一对新婚夫妇。预约时，对方说由于一些原因他们没能举办婚礼，因此希望结婚纪念日两人能度过一段美好的时光。

于是，在当天的会议上，店员们迅速决定"安排一场结婚仪式，大家一起做证婚人"。随后，他们在阳台打造出了教堂场景。

当天，这对新人来到店里时，全体员工（30人）列队撒花迎接。一开始，他们不知道发生了什么，十分茫然。但当他们在店长的见证下在自制的结婚证书上签字时，都禁不住热泪盈眶。店长哭了，店员们也哭了。这是多么美好的结婚仪式啊！

但是柳沼店长却说："我们并不想以惊喜来取胜。正是被顾客们的理由和人品所吸引，我们才能够大胆地去想。"顾客并没有提不惜成本的要求，很多惊喜源自店长与顾客的深度沟通。

记得 3 年前对话的原因

我在开头说过，柳沼店长还记得 3 年前与我对话的内容。我询问他原因，他回答说："因为我每天都会将自己与顾客的对话记在笔记本上。"他还说，在重新回顾 3 年前的笔记时，回想起了很多事情。

他的笔记内容不是一般地多，甚至两天就能用完一个笔记本。从正式开业起的 6 年间，他已经积累了非常庞大的笔记内容。据说,员工们曾在柳沼店长的生日时送给他一大箱子笔记本作为礼物。

柳沼店长每天平均要与150位顾客进行对话。他不仅会将内容记在笔记本上,还会在拿到的名片背面写上顾客的背景和信息。每天工作结束后,他会花20分钟一边观看,一边复习,并且找到其中的关键词记住要点,睡觉前再回顾一次。

柳沼店长说:"为了让顾客在食物、内心方面都能得到满足,每天付出一点点的努力很重要。服务就是这些努力的不断累积。"到现在为止,他与顾客交换的名片数量已经超过了1万张,被他记住长相的顾客也有很多。真不愧是创造了传说中的服务的传奇店长!

顾客的背影会发出信号

柳沼店长在进行员工培训时,要求员工从顾客的背景中读取信息、提供服务。例如:如果是商务办公的顾客,要迅速提供餐品等,努力做好周到的服务;如果是沉浸在二人世界的情侣,要注意控制,尽量降低存在感。还有单纯为了享受食物本身的食客,以及服务行业的同行等,餐饮店会迎来各种各样的顾客。考虑到顾客的不同背景,提供充满款待精神的服务非常重要。

我是和朋友两个人去的。当我们聊天聊得忘我时,店员只是静静地守在一旁。当朋友起身去洗手间时，柳沼店长才过来向我说起 3 年前的事，时机掌握得非常巧妙。

Casita 充满了这种巧妙的服务。我在用餐时想要掏出放在旁边椅子上的上衣兜里的手机，伸出手的瞬间，店员已经面带笑容地迅速将上衣递到了我容易拿到的位置。这是在一两秒内发生的事，我甚至都没有注意到店员在我身边。

柳沼店长说："顾客已经用背影发出了信号。只要观察其肩部的动作，就能明白一切。只要顾客的肩部稍微一动，我们的店员就会赶到顾客的身边。"顾客喝完红酒时、想要拿取物品时、想要脱掉上衣时，肩部都会产生动作。如果习惯了，这些看上去都会像暗号一样。如果不明白这些，就提供不了有预见性的服务。

开店前三个半小时的会议

奇迹餐厅 Casita 的店长方针是"不做个人英雄，要以团队形式迎接顾客"。餐厅的打烊时间是 24 点，但在顾客离开之前，会一直营业。

大堂经理或首席迎宾员会对新人进行一对一的指导，让他们彻底掌握服务理念、服务的关键点，以及餐品知识等。达到能够在客人面前提供服务的程度，据说要花费半年以上的时间。在此之前，新人要进行撤桌、摆桌、辅助服务，以及在服务站配餐等训练。

Casita 有专门制作餐桌配套设备的人，被称作设置人员。在阳台座位上上演惊喜一幕的也是这些人员。此外，服务生是每 6 张桌子配置 2 人，人员配备很充分。

值得一提的是，Casita 会在开店前花三个半小时举行全体会议等多场会议。对于当天的顾客背景及与其相符的服务，也会在这些会议上进行协商。

在 Casita，女性顾客会由男性店员负责招待，而男性顾客会由女性店员负责招待。这样做顾客反映良好，员工也可以尽心招待。

柳沼店长说，最近让他感到尤为高兴的是员工们都成长起来了。只要看一眼，他们就知道自己该做什么，也能自发并积极地举办学习会，让自己变得更好。

柳沼店长的梦想，是在自己最喜欢的现场追求终极的款待精神，打造出能够同时实现员工喜悦与顾客幸福的餐厅。

日本能有这样一家充满爱与感动的餐厅，让我不禁拍手叫好。谢谢你，柳沼店长！

(《餐饮店经营》2008 年 1 月刊)

·2·

劳瑞斯牛肋排

——大阪店总经理河野博明

劳瑞斯牛肋排（Lawry's The Prime Rib，以下简称"劳瑞斯"）是1938年在美国洛杉矶创办的一家老牌牛肋排专门店，位于比弗利山庄的总店是拥有70多年历史的名店。

这种烤牛肋排（Prime Rib）是用涂抹了特制香料的上等牛肉精心烤制而成的美式烤牛肉。在劳瑞斯，厨师会按照顾客要求的火候进行烤制，也会在顾客面前按照其要求的大小进行切割。这种现场感，以及能让人联想到电影画面的充满装饰艺术风格的奢华空间，使劳瑞斯人气爆棚。

劳瑞斯大阪店作为值得纪念的世界第10家店铺，于2008年开业。其管理理念有三点：① 互相帮助（全体员工要互相帮助）；② 进行良好的沟通（一切都从沟通开始）；③ 享受自己的工作（要开心地工作）。

我采访了劳瑞斯大阪店的总经理河野博明。他曾在年销售额达10亿日元的劳瑞斯东京店任经理，之后才去了大阪店。从大阪店正式开业起,他一直负责管理工作。

"我们以世界第一为目标"

劳瑞斯大阪店开业的前两年,正处于经济危机下的全世界经济震荡期。当时,该店的月销售额仅有 1700 万日元,经营状况十分严峻。2010 年,月销售额增长到 2200 万日元(较 2009 年同期增长 125%),忠实顾客开始稳步增多。还有很多顾客是在比弗利山庄吃过烤牛肋排之后念念不忘,知道在日本也可以吃到后慕名而来的。

河野总经理在东京店的时候,有一位常客曾在劳瑞斯求婚并在那里举行婚礼,每年结婚纪念日也都会去店里。这位顾客的孩子说想在其他的日子去劳瑞斯,结果他的母亲告诉他说:"劳瑞斯是一年一度的重要日子才能去的、对我们而言非常重要的餐厅。"这是多么美好的回答啊!

据说,有八成顾客会预约在纪念日来店。由此可见,这是一家顾客满意度非常高的优秀餐厅。

"在全世界的劳瑞斯当中,追求世界第一的服务与品质。"这是河野总经理的经营方针。他想通过对顾客的爱来追求世界第一,而不是技能和知识。这一方针给予了员工们极大的自豪感与动力。

为了拉近与顾客之间的距离,河野总经理有一套具体的做法——在劳瑞斯，从迎宾、点餐到结账均由一个人负责。这样就能增加员工与顾客之间的对话，对餐品进行的解说也会更周到、更用心。河野总经理说："我们的员工大都是学生兼职，虽然他们的知识和技能不是很充分，但是拼命努力的姿态是不输任何人的。"

从正式开业起，选择留下的员工占九成

店铺正式开业时应聘的有300人，其中有70人被录用，录用比例约为1∶4。河野总经理的录用基准如下。

① 第一印象良好，笑容灿烂；
② 能够坦诚并切实倾听对方说话；
③ 具有协调性，重视团队。

他很干脆地表示："完全按照自己的节奏自说自话的人，以自我为中心的人，我们是不会录用的。"

现在，正式开业时的员工有九成留了下来。除了大学毕业的人之外，店铺的人员稳定率极好，究其原因如下。

① 通过早期培训，员工彻底掌握了业务操作的基础，对实践不存在不安情绪；

② 培训师一直在对新人进行彻底培训；

③ 总经理与员工之间的沟通良好；

④ 每位员工都能切实感受到自己被认可，被店铺所需要；

⑤ 全体员工都很喜欢劳瑞斯并为自己在此工作而感到自豪。

其中，③非常重要。河野总经理每天都会和所有人沟通，尤其是对新人。例如"有什么不安的事一定要说出来""需不需要去一下洗手间？""你渴不渴？"等。除此之外，在早会或者出勤人数较多的下午6点，他会分三次召开会议，每月还会召开全体会议，大家可以针对顾客问题等进行讨论。

⑤的内容也意味深刻。正是由于顾客认可了劳瑞斯的品牌价值，员工才会对店铺充满自豪感。而且，受到总经理爱护的员工也会坦诚地热爱顾客。

店长和员工对店铺的感情与店铺业绩成正比。采访过120位店长的我对此深有感触。

成为服务生第一天的感动瞬间！

对于劳瑞斯的新人而言，独立担当餐桌服务是一种身份的象征。在最初的一个半月，新人是无法在顾客面前提供服务的，必须跟在前辈身旁观察前辈的一举一动，进行OJT学习。

慢慢地，新人从负责一桌开始，3个月左右可以负责四桌。

但是如果不能保持服务水平，负责桌数就会降低，要求非常严格。负责五桌和私人房间（包房）是所有员工的梦想。

日本有句话叫"工作的报酬是工作"。意思是工作的报酬不是工资，而是水平提升后被赋予的下一项工作。劳瑞斯就是将这句话真实展现出来的企业。

下面介绍河野总经理为员工努力的姿态所感动的事例。

有一名女学生总是无法掌握工作技能，两年也没能成为服务生。她对后方工作逐渐习惯，但又始终无法舍弃作为服务生站在顾客面前的想法。有一天，她提出申请，希望再接受一次训练。

于是，培训师又对她展开了OJT培训，负责最终考核的是经理。她挑战了九次，仍然没能达标。之后一段时间，她没来参加考试。大家都以为她放弃了，结果她抱着最后努力一次的心态又进行了第十次挑战。她本人和培训师都激动不已。经理看完她完美的操作，内心被震撼了。

听到"合格"这句话，她和培训师高兴地抱住了对方。

她第一次站到了顾客面前，紧张得发抖。虽然大脑一片空白，但她仍然全心全意、拼命努力地为顾客提供服务。

她没有告诉顾客那天是她做服务生的第一天。因为她明白，既然站到顾客面前，自己就是专业的。那位顾客临走时对她说："今天由你服务真是太好了，谢谢你。"

那一瞬间，她和培训师情不自禁地哭了，经理也非常感动。

听完这个故事，我心头一热。多么优秀的服务生啊！她让我们明白：即使是技术拙劣的新人，付以真心也能打动顾客的心。

劳瑞斯的顾客管理系统

在劳瑞斯，员工会在进行自我介绍的基础上提供友好且充满款待精神的服务。重点，是要以姓名称呼顾客。以姓名称呼顾客会让双方更容易亲近、更容易交谈。

河野总经理说："我们要从顾客满意到个人满意，追求提供'仅属于某位顾客的特别定制服务'。"

劳瑞斯有一个名为"座位卡"的顾客管理系统，累积数据达数万条之多。

顾客预约时，该系统会自动显示该顾客的到店次数、使用目的、留言、以往的负责人、喜好等信息。员工会通过对这些信息的把握，为顾客提供个性化的服务。

河野总经理不仅能记住忠实顾客的姓名，还能记住50%左右的常客的姓名。他会在入口处以姓名称呼顾客并引导其顺利进店。

当然，除了预约的顾客之外，对于新客或来店两三次的顾客，河野总经理也会上前打招呼，给人留下"本店提供个性化服务"的印象。

劳瑞斯邮箱的数据有 6000 件，店铺会定期发送电子杂志、新餐品展销，以及经理个人动态的邮件。例如，顾客收到"我去比弗利山庄总店学习了"的邮件会觉得劳瑞斯的经理在经常与自己联系，因而产生亲切感，预约起来也会比较轻松愉快。此外，劳瑞斯对于什么样的邮件会得到什么样的反馈也会进行数据的储备。

餐饮店是充满感动的宝箱

"表扬"与"批评"的平衡比是 7∶3。尤其是女性兼职工，很多都是通过表扬绽放光芒的。例如，新人小 A 发现点了全套套餐的顾客餐前酒选择了香槟，于是她向顾客推荐了生蚝，顾客很高兴。第二天的早会上，店长在大家面前对小 A 进行了表扬。于是，全体员工开始积极模仿，向顾客推荐生蚝。那天之后，每天生蚝都会销售一空。

河野总经理不仅将新人的失误看作自己的责任，对于店里发生的一切也都看作自己的责任。他时常反省是否有办法预防问题的发生。在被迫需要作出选择时，他总会思考比弗利山庄的总经理会如何判断。他愿意将员工的课题当成自己的课题，以积极灵活的姿态同员工一起克服困难。

例如，有一位女员工不小心将饮料洒到了顾客身上。即便如此，这位顾客还是再次来到了店里用餐。凑巧当天那名员工休息，于是总经理迅速联系了她。她十分感动，对顾客说："十分感谢您愿意再次来到我们店里，真的谢谢您！"问题纠纷瞬间转化为感动。河野总经理感慨道："餐饮店真是充满感动的宝箱啊。"

最后，河野总经理总结说："我认为顾客购买的是在劳瑞斯度过的无可替代的'时间'。为了使这段时间成为更有价值的幸福时光，才有了美味的餐饮、优质的服务、美妙的音乐和温暖的店铺氛围。"

所谓服务，就是爱意。一流的服务就像店长热爱员工，而感受到爱的员工又热爱顾客一样，是被爱意包围着产生的。这次采访，让我重新深刻地认识到了这一点。

谢谢你，河野总经理。希望你今后能一直热爱员工，热爱顾客，热爱劳瑞斯。

(《餐饮店经营》2010 年 10 月刊)

·3·
大阪梅田大阪烧本铺
——丰桥向山店女店长河合沙奈美

在大阪梅田大阪烧本铺丰桥向山店的休息室里,挂着气势十足的书法作品《女店长的梦想》。这是作为培训店长到向山店赴任的河合沙奈美女店长在她之前工作的滨松中泽店开业时写的。

《女店长的梦想》内容

接下来,传奇就要开始了!

- 梦想是成为日本第一畅销的大阪烧店;
- 梦想是成为日本第一充满顾客笑容的店;
- 梦想是让顾客说出"想去大阪了!";
- 梦想是让顾客说出"味道很好,这里的人更好!";
- 梦想是创造任何人都想推荐的店;
- 梦想是创造人人都想在此工作、不愿离开的空间;
- 梦想是创造任何人都面带笑容的空间;

●梦想是成为任何人都感到自豪的店；

●梦想是成为让今天第一次来的顾客"明天再来"，而不是"改天再来"的店；

●给予伙伴和顾客充分的关照是女店长的工作。

为了实现这些梦想，她和大家做了如下约定。

① 不说泄气话和"绝对不行"这种负面的话；
② 拼命努力；
③ 充满活力、面带笑容；
④ 心情愉悦地打招呼。

如果她没有做到这些，任何人都可以毫无顾虑地说出来。

用两周时间培养出"令顾客满意的专家"

在正式开店前，河合店长用两周时间进行了新人培训。新人培训的主题是"用两周时间培养出令顾客满意的专家！"。开业时，全体员工要以"令顾客满意的专家"的姿态迎接顾客。

首先，从说大阪方言开始。"欢迎光临""谢谢惠顾""下次再来"是基础的问候语。即使是在滨松和丰桥，也要给顾客一种"到了大阪"的现场感。其次，每天要花30分钟在停车场进行发声练习，其关键点如下。

① 活力：最灿烂的笑容和发自内心的活力。
② 团队合作：所有人以非凡的凝聚力面向同一个目标。
③ 情绪高涨：使自身情绪达到最高潮的状态。

河合店长说："运动员会通过大声呼喊来创造适度的紧张感与放松感。大阪烧本铺也是一样。对我们来说，每天都是比赛。要提高自己的情绪和伙伴的动力，从而赋予顾客活力。这是前厅服务的职责。"

集中培训时要重视反响程度，关键是要把握恰当的时机、适当的节奏和速度，以及声调。同时，还会开展名为"铁板沟通"的关于大阪烧的烤制方法的讲座。在大阪烧总店，店员会与顾客一起烤制大阪烧，所以这是一个非常重要的培训项目。

开业前夕的最终训练

开业的前两天，培训进入佳境。在这之前，可以通过表扬来提高员工们的热情。但在这个阶段，为了增强紧张感要特意进行批评。她会呵斥员工："就这种水平还想让顾客付钱吗？"为了能瞬间提升水平，女店长化身成了魔鬼。在开业的前一天，她向员工施压道："明天就有顾客来了！"她是一位能够在绝佳时机给予员工自信和紧张感的女店长。

培训的最后一天,一位顾客因为弄错了开业时间,提前一天就带着家人来到了店里。一般来说,这种情况下店长都会请顾客离开,但是河合店长拜托对方说:"我们开业是在明天,方便的话,今天能不能请您扮演我们的顾客呢?"顾客欣然接受。随后,该店完成了以实际顾客为对象进行的宝贵的营业训练。当然,为表感谢,一切费用由店方承担。

这位顾客在离开店铺 30 分钟之后,又带着 20 份蛋糕回来,想要表示感谢。全体员工深受感动,也开始更加自信。大家团结一致,团队合作上了一个新台阶。就这样,耗时两周的培训圆满结束了。

学生兼职工进店第二天的感人片段

接下来介绍一个河合店长在烤肉连锁店"一番 KARUBI"藤枝店做店长时的小插曲。

有一天,一位名叫伊藤的高中一年级学生来店铺面试。他是一个身体颇为健壮的男孩子,这是他第一次做兼职。他很坦诚并充满活力,对任何问题都会回答"没问题,我会努力的",于是就被录用了。

第二天,河合店长正在指导他撤桌时,店里客人逐渐多了起来。于是她对伊藤说:"我去帮大家的忙,撤桌任务就交给你了，一定要直视着顾客说'欢迎光临''谢谢光临'。收拾顾客旁边的桌子时要先说一声'不好意思打扰了'。"然后，她就离开了伊藤的身边。

本以为只有15分钟左右的高峰期比预期的要长，等店里逐渐安静下来，已经过去了1个多小时。河合店长因为太忙，把伊藤忘在一边了。

一对40岁左右的夫妇向她打招呼时，她正在前台收银。这对夫妇对她说："你把那边正在收拾餐桌的男孩儿叫过来！"她心里一惊，想着也许是重大投诉。

她慌忙询问道："请问他有什么失礼的地方吗？我是负责人，您可以和我说。"但其中的男顾客却坚持说："你把他叫过来。"

她急忙走到伊藤身边，问他："你和现在在收银台的那两位顾客说过话吗？"伊藤回答说："是的。""你有什么失礼之处吗？""我不记得了。""如果顾客批评你了，咱们就一起道歉。""我做了什么吗？""我也不知道，但是顾客叫你，总之先过去吧。"

于是，二人回到了顾客面前。那位男顾客看到伊藤激动地说："你做得非常好，非常努力！你会很认真地看着顾客，用比任何人都响亮的声音清脆地和他们打招呼。没想到最近的年轻人还能这么拼命努力地工作，我真高兴。你要继续努力，可不要辞职哦！"说完，他还给了伊藤1000日元的小费。伊藤和店长都吃了一惊，十分高兴地表达了谢意。

但同时，店长也感到很尴尬。因为当时在前厅的还有包括自己和老员工在内的七八个人，但给顾客留下深刻印象的却是进店只有两天的伊藤。他能做的只有打扫卫生和打招呼，但他却用自己的专注打动了顾客的心。

河合店长说："任何人都能做到的事，只要你能比任何人都拼命努力地去做，就可以产生感动。我从15岁的少年身上学到了这一点。从那以后，我决定无论多小的事都绝不偷工减料。任何人都能做到的事，要比任何人都认真、专注地完成。这就是我的信条。"

真是太了不起了！最后，我还询问了河合店长的志向。

她说："我希望创造出女孩子能够充满活力地工作的店铺，打造出女性能够更多地沐浴在聚光灯下的企业。"

感谢河合店长给我这次感动的体验。

(《餐饮店经营》2007年12月刊)

·4·
Cafe La Boheme
——茶屋町店店长原数马

Cafe La Boheme 是由 Global-Dining 经营的意式休闲餐厅。客单价方面,午餐为 1000 日元,晚餐为 2000 日元。这家店的意大利面和柴火窑烤制的那不勒斯比萨口碑很好。Cafe La Boheme 是 Globoil-Dining 在大阪的唯一一家店铺。在此之前,我也不知道 Global-Dining 在大阪有店铺。

本次采访的原数马店长是统筹管理四家店铺的区域领导。除了这家茶屋町店之外,还有银座两家店和六本木一家店。原店长进入公司才两年。在实力主义至上的 Global-Dining,他进入公司仅半年就晋升为店长,迅速创下了 2010 年销售额较 2009 年同期增长 130% 的公司内第一的业绩,是一位超实力派店长。销售额增长率最低的月份也有 111%,2010 年 5 月更是达到了 140% 左右(2009 年 5 月的销售额为 1525 万日元,2010 年 5 月为 2140 万日元)。

一见面,他就面带笑容地迎接我说:"我看过田中先生的主页,一直期待与您见面。感谢您远道而来。"这让我既高兴又吃惊。Global-Dining 很重视"辨识力"(对顾客的认知力),这是一种记住对方、知晓对方的喜好,并做到友好交谈的能力。原店长对我也做到了这一点。我采访过一百多位实力派店长,但很少能从一开始就受到这样的关怀,可以心情舒畅地进入采访状态。

作为区域领导,原店长每个月要往返于大阪和东京之间,对四家店铺进行指导。"挑战无限的可能性,开心地享受人生!"是 Global-Dining 的企业理念。而原店长的生活方式,正是这一理念的真实再现。

2010 年销售额较 2009 年同期增长 130% 的理由

茶屋町店开业是在 2006 年 7 月,开业时的月销售额在 1000 万日元左右。随着知名度与销售额的持续提升,现在的月销售额为 1600 万~2000 万日元。业绩提升的原因主要有以下四点。

1. 每月进行 200 次外销活动

原店长赴任后立刻着手开展外销活动。为了提高知名度,他对附近的阪急国际酒店和帝国酒店进行了访问,并且开展了派对活动的二次聚会等营销活动。因为营业时间是到凌晨 2 点(周五、周六及节假日的前一天到凌晨 4 点),所以他还去了一些商店和餐饮店,推荐大家在工作结束之后光顾本店。原店长每月会进行 200 次外销活动。现在是由助理经理或员工领队进行外销活动。通过这些活动，店铺知名度提升的效果迅速显现出来。最近，就连大阪丽思卡尔顿酒店的员工都会前来学习。

2. 贯彻"服务的 20 大行动"

Global-Dining 有一项名为"服务的 20 大行动"的行动规范，目的是让顾客满意和感动，如"必须为顾客拉椅子""停下让路""看着顾客说话""与认识的顾客打招呼"等。原店长说："虽然都是日常应该做的事，但将这些事 100% 彻底执行才是最重要的。"能否贯彻执行决定了店铺的命运，创造出兴旺店铺的正是强大的执行力。

原店长特别注重落实"令人感动的迎接"和"令人记忆深刻的温馨送别"。在"迎接"的时候，要像与阔别 10 年的老友重逢一样，以最美好的笑容、全身散发着喜悦进行迎接。在"送别"的时候，全体员工应挥手、全心全意地送别。顾客经常说："这里真是太棒了，像来到了迪士尼乐园一样呢！"

在引导顾客去洗手间的时候，该店的员工也是依次抬手，用手势协作配合。在这里，全体员工都会以一种"希望使顾客高兴"的态度进行工作。

3. 每个月 100 件以上的生日预约

茶屋町店是这样演绎生日的：首先，背景音乐暂停，灯光熄灭；然后，前厅和后厨的 12 名员工全部到顾客那一桌，准备好蛋糕和分装盘；最后，用口琴现场演奏生日歌曲，全体员工一起合唱。

有些顾客先是吃惊，后是感动。有一天，甚至引起了很多外国顾客起立鼓掌，那是员工们希望顾客感受到幸福的心愿传达给了顾客的瞬间。

这样的生日预约每个月有 100 件以上，目前还在持续增长中。

4. 美味的比萨和意大利面

用从意大利直接进口的面制作而成的意大利面和火窑烤制的那不勒斯比萨因风味地道而好评不断。要坚持用最好的食材制作出绝对美味的食物。一切餐品都需要经过考核，主管要亲口试餐、确认餐品质量。不通过这一关，就不能制作成餐品。

如何使自己重视的人开心？

原店长的方针是"打造帅气的餐厅"。所谓帅气，是指具有使顾客高兴的意识并为其提供周到的服务。

首先，要有辨识力。如果全体员工都能记住顾客的姓名和喜好，并且通过团队共享来提供更好的服务，那么顾客就一定会成为 Cafe La Boheme 的忠实粉丝。其次，要有预判力，也就是预测能力。抓住顾客发出的信号进行预先读取，迅速提供服务，这两点非常重要。

原店长对于员工的录用非常严格，通过率只有 20%。面试的时候，他会询问对方"是否喜欢使别人高兴"，还会要求对方讲述一个使自己重视的人开心的片段。这是他从丽思卡尔顿酒店学习到的，而我在连载当中也经常涉及这一话题：能够使自己重视的人开心的人，也能够使顾客满意。

此外，他还会问对方最近读了什么让自己感动的书，因为他喜欢录用常怀感动之心、学习之心的人。

在新人说明会上，他会解释"服务的20大行动""令人感动的迎接"，以及待客的基本精神。然后，他会将OJT交给助理经理执行，一旦进展不顺利，他就会批评助理经理。对于正式员工，他会以8∶2的比例进行批评，而对于短期工和兼职工，他会以8∶2的比例进行表扬。

Cafe La Boheme 是提升自我价值的地方

茶屋町店有多名来自英国、法国、西班牙等国家的外国兼职工。尤其是担任招待领队的英国人克里斯，他特别擅长通过交谈使顾客开心，游走于所有餐桌之间。原店长曾指导他说："与其一直在一张桌子旁与顾客交谈5分钟，不如1次1分钟，一共去5次。"

有一天，克里斯送别顾客时，有一位女性顾客拥抱了他。店长看到这个场景深受感动。有的顾客一到店里就会问："克里斯在吗？"店长说："绽放美好笑容的英国人在进行最好的服务，仅这一点，店里的氛围就会改变。"

原店长会按照以下方式与员工进行沟通交流。

① 咨询辅导：全体人员参加，每月 1 次；

② 全体会议：每月 1 次（时薪审查会及内部会议，各成员可提出议题并进行讨论）；

③ 领队会议：每月 2 次（正式员工与兼职工领队的会议。由早、中、晚三班的领队对各时间段的问题进行讨论，提出解决方案。）

店长虽然平时很严格，但也会通过聚会等方式营造轻松的交流氛围。

原店长说："Cafe La Boheme 不是赚工资的地方，而是提高自我价值的地方。"他最喜欢的一句话是公司的社训：为了提高自我价值，要望向更高处，选择更加困难的道路。他会将没有上进心的员工批评得体无完肤，这能让人深刻感受到他培养员工的坚定信念。

大阪的 Global-Dining 有一位优秀的超实力派店长。谢谢你，你是服务方面的达人！

(《餐饮店经营》2008 年 11 月刊)

·5·
KICHIRI
——秋叶原店店长清原康孝

　　KICHIRI 是一家因时尚氛围而在女性中具有超高人气的休闲餐厅。其以"理想中的设计师公寓"概念打造出的简约现代起居室风格的店内环境令人心情舒适。阁楼座位和单间的整个地面上都铺着柔软的垫子，情侣座椅也令人十分放松。

　　KICHIRI 以关西地区为中心，如今在关东地区也开有店铺，且业绩正在稳步增长。它的社训是"We are hospitality creator!"[1]，经营理念是"KICHIRI 通过将满心欢喜传递给周围所有人，与人接触、对人感谢、感动于人，由此持续不断地为更多人提供治愈、充实、面向未来的活力。"

　　该店顾客的男女比例是 3∶7，女性居多，因此给人的印象是"女性的时尚居酒屋"。除了女性团体和情侣之外，前来举办生日、纪念日、迎新送别会等的顾客也很多。

---

　　[1] "我们是热情好客的创造者！"——译者注

来自顾客的信息

经常有顾客向 KICHIRI 的分店或总部发送邮件,其中不乏令人感动的故事。下面介绍其中的部分内容。

与重要的人用餐,我一定会选择这里。第一次在这里用餐,是在提交完结婚申请书回家的路上。这里的员工为我们进行了庆祝,还目送我们离开,这让我感觉很温暖,始终难以忘记。所以,我希望能和重要的人一起在 KICHIRI 用餐。

电话里我曾多次询问路线,店员每次都很耐心地回答,这首先就值得给 75 分。然后,店员说会来迎接我,这必须给 85 分。最后,店员真的来迎接我了,所以我给 100 分满分!

当我打电话说因为下雪要晚一些才能到店里的时候,店员回复我说"任何时候我们都会等您",这让我很感动,不枉我远道而来。

实际上,以前我在 KICHIRI 楼下的便利店不小心把零钱散落在了地上。当时周围的人都视而不见,只有穿着这家店铺制服的人帮我一起捡,真是太感谢了!

秋叶原店员工的话

一对情侣用餐告一段落,女士去了洗手间。员工对男顾客说"我们期待再次与您相见"并送上了"再来一次卡"(后文说明)。

男顾客十分高兴，说他一会儿要求婚。于是，全体员工一起准备了增加告白气氛的演出。为了庆祝他求婚成功，还送上了经过装饰的甜点和以象征着夫妻幸福生活的橄榄石为概念的特制鸡尾酒。女顾客高兴地流下了眼泪，男顾客也十分感动。他们临走前，在餐桌上留下了表示感谢的字条。

餐饮店是多么美好的服务场所啊！我们从事的是通过充满款待精神的服务给人以感动的工作。

所谓款待精神，就是发自内心的招待，提供仅属于某个人的定制服务。不能优先考虑对方的心情，就无法提供优秀的款待服务。我们必须以"顾客第一"的极致招待让顾客感动，让其成为我们的终身顾客。

接下来，让我们了解一下每天这样用心招待顾客的秋叶原店店长清原康孝的故事。

希望说起款待必提"KICHIRI"

清原店长在公司会议中获得了第一届的MVP（最优秀店长），是KICHIRI具有代表性的资深店长。尽管经济不景气，餐饮行业的业绩却呈现上升趋势，而他也完成了销售额较去年（2009年）增长100%以上的业绩。

该店的推荐菜单是"特制烤牛肉，780日元""京豆腐藤野金芝麻沙拉，680 日元""枫糖巧克力搭配香草冰淇淋，580 日元"等。

清原店长的方针是打造"让顾客、员工、求职者一提到款待就联想到 KICHIRI"的店铺。他希望创造出与人们生活密切相关的店铺，如附近的人希望一个月能来一次的、纪念日一定会来的店铺。

为了实现"提供款待服务"的目标，清原店长创建了以下六项机制。

1. 两段式的录用面试

首次面试由部长和店长询问应聘人员选择 KICHIRI 的理由和未来目标，对其意志力、积极性、志向等进行评估。在这一关，如果两人均判断合格即可予以录用。如果无法决定，则由店长进行二次面试，确认其能否注视着对方的眼睛说话，能否让人感受到积极的姿态，能否遵守礼仪礼节等。

2. 店铺会议与款待研修课

秋叶原店每月会交互举办店铺会议和款待研修课。店铺会议上会进行共享信息的确认、感动事例的介绍、投诉的处理方法，以及新菜品的试吃等。值得注意的是"分组讨论"环节，即针对一个课题进行彻底讨论，分组发表意见并最终做出决定。这不是店长的指令，而是由员工们自主思考并执行的，因此效果十分显著。在款待研修课中，员工会了解关心他人的重要性。

顾客来到店里的原因不尽相同。通过接触预估出不同顾客的需求并进行细致的招待，研修课就是学习这些内容的地方。清原店长说："所谓用心招待，就是要将心意呈现出形态。"员工们的学习欲对秋叶原店款待精神的提升作出了巨大贡献。

3. 美化员工的公共空间

办公室、员工的更衣室、洗手间和垃圾箱等公共空间整理整顿做得好的店铺，内部环境十分干净，服务也非常好。清原店长希望员工们能重视自己的空间并时刻保持美好，而他也一直注意贯彻这一点。这样的姿态渗透到每一名员工中，成了KICHIRI 的企业文化。

4. 员工们的"声音笔记"

秋叶原店有一个员工可以自由填写的"声音笔记"。在这个笔记中，员工可以自由填写任何内容，如让人感到困惑的问题（备品或消耗品的故障、不足等）、娱乐活动的通知（保龄球大会、生日会等）、个人信息等。大家分享各种各样的信息，一方面可以营造店里的和谐氛围，另一方面可以让店长迅速应对员工提出的问题，加强员工对店长的信任。

5. 一个笑容，一个信号

清原店长尤其注意向员工们打招呼。每天出勤时，他一定会面带笑容地向全体员工打一声招呼，并且会关注到每一个人，分别打招呼，如"上次考试考得怎么样？""你比赛赢了吗？"

等。闭店离开时,他也会表达感谢:"今天辛苦你了。"我在本书中反复提到,能够将"我一直在关注着你"的信息传达给对方的都是 EQ 很高的店长。清原店长正是这一类优秀的店长。

6. 员工的毕业仪式

KICHIRI 总部每年都会为由于参加工作等原因离开的员工举办毕业仪式,对他们在这里的工作表示肯定和感谢。会场选在大阪丽思卡尔顿酒店。总部会向所有毕业生颁发 MVP、款待精神奖、KICHIRI 奖等。后生晚辈们看到这些会想到自己以后也会获奖,因此也会增强他们的动力。

将成功事例标准化

KICHIRI 的所有店铺都会对餐品的品质和服务进行验证。

针对餐品的质量,会定期为员工开展烹饪指导会。厨房指导员(负责厨房监察)会对各个店铺进行巡视指导,以维持餐饮的标准。此外,由于包含后厨在内的全体员工都可以利用耳麦对业务操作内容进行共享,所以顾客的感谢之声也能从前厅直接传达到后厨,这对后厨的员工来说是很大的鼓励。同时,日报也会通过电脑进行共享,顾客对于餐品的评价会直接传达到总部,反映在产品开发上。

在 KICHIRI,周到的服务案例被作为知识(knowledge)进行标准化,通过名为"智慧大奖"的表彰制度积极推广。下面

227

介绍一部分案例内容。

① 为要离开的顾客提前按电梯；

② 小孩子不想吃饭就拿画本给他玩儿；

③ 通过干杯时的话语和套餐菜单等，对顾客来店的目的（是不是纪念日）进行判断；

④ 知道顾客的名字后一直用姓名称呼，加强亲近感；

⑤ 顾客等待的人迟到时，提前询问对方的姓名，迎接对方时要说"××顾客，恭候您多时了"（小小的惊喜）；

⑥ 对于一边说着"好累啊"一边坐下的顾客，首先要递上凉茶和毛巾，并说一句"您辛苦了"，对方会很高兴；

⑦ 展示实物红酒，让顾客了解并产生兴趣；

⑧ 在炎热的夏季，给运送食品等的相关从业者递杯凉茶，对方会很高兴；

⑨ 上餐前，将金芝麻沙拉中的芝麻磨一下，这样端过去时会有很香的味道飘散出来，令顾客心情舒畅；

⑩ 对于需在顾客面前边削芝士边混合搅拌并分给顾客的奶油烩饭，上餐时为了把握每一位顾客的喜好，可以让顾客分别尝试味道。

以上知识会从各个店铺汇报上来。通过在早会或员工会议上进行公示，店铺的贴心服务和款待水平都会提高一个层次。

贴心服务会由人传递给人。清原店长曾在深夜下班时捡起并打扫了车站前掉落的烟头。员工们看到这一幕，也开始模仿店长进行打扫，让车站前变得干干净净。

清原店长说，员工们通过在KICHIRI工作成为能够关注他人的人，获得精神的成长，这让他十分高兴。他为自己能够从事这样的事业而感到自豪。

"KICHIRI币"和"再来一次卡"

作为促销工具，KICHIRI每三个月会发布一次"金KICHIRI币"和"银KICHIRI币"。金币是顾客本人可以使用的价值500日元的硬币，银币是顾客可以送给重要之人的价值500日元的硬币。两者可以在KICHIRI的所有店铺使用。这是一个既可以招揽回头客又可以招揽新客的颇具巧思的促销手段。

"再来一次卡"的促销手段也很独特。例如，顾客说烤牛肉很好吃，那么为了让顾客再吃一次烤牛肉，店员会赠送礼品券或甜品券。此外，它还可以成为店员与顾客顺畅交谈的契机，是一个激发创意的工具。

最后，我询问了清原店长最近感到高兴的事情是什么，于是他对我说了自己生日时发生的一件事。他说那天所有的伙伴都聚集到一起为他庆祝生日，他收到了有全体人员照片和留言的影集，非常感动。

他说："我现在真的特别开心，所以没有接受去总部的工作邀约，也没有担任区域经理。我希望一辈子在现场为顾客和伙伴们竭尽全力，以此来为 KICHIRI 的发展作贡献。"

这是一位非常喜欢现场的、拥有满满爱意的杰出实力派店长。

COMPANY MIND（企业精神）

"让 KICHIRI 充满喜爱"

家人、恋人、朋友、顾客

员工、伙伴、交易公司人员、任何人

请你尽情去喜爱自己周围的人

然后成为自己喜爱的人热爱的人

成为一见面、一对视就能让对方微笑的人

这样大家都可以成为幸福的人

能与非常喜爱的人在一起工作会非常开心

我们希望与大家一同创造洋溢着爱意的店铺

让 KICHIRI 成为人人都能绽放微笑的地方

(《餐饮店经营》2009 年 9 月刊)

附录

店长自我评价的 50 项基准

"店长自我评价的 50 项基准"由如下六大板块内容构成，每个板块又分别设置了多个问题，总计共 50 项。最后要将得分进行汇总统计。

（1）店长的思想准备

（2）店铺的运营情况（QSC）

（3）销售额、成本控制

（4）员工的培训、沟通

（5）投诉处理、报联商（汇报、联系、协商）

（6）自我启发

（1）店长的思想准备

项　目	得　分
① 带头努力提高顾客满意度。	10 8 6 4 2
② 把握本公司的经营理念、方针，彻底传达给员工。	5 4 3 2 1
③ 考虑优先顺序，率先开展工作。	5 4 3 2 1
④ 致力于与顾客建立更加友好的关系，能记住外貌与姓名的顾客有100人以上。	10 8 6 4 2
⑤ 时刻努力提升餐品知识与服务技能。	5 4 3 2 1
⑥ 有作为商务人士的常识，注意着装打扮，端正态度。	10 8 6 4 2
⑦ 努力创建规则正确且自由欢快的店铺。	5 4 3 2 1
⑧ 有时常做笔记的习惯，联络笔记的内容充实。	5 4 3 2 1
⑨ 公平对待员工，每天与全体员工打招呼。	5 4 3 2 1
⑩ 时刻关注店里的团队合作情况。	5 4 3 2 1

(2) 店铺的运营情况（QSC）

项　目	得　分
⑪ 按照指南与菜谱提供符合标准的餐饮。	10 8 6 4 2
⑫ 前厅与烹饪部门的协作顺畅，上餐时间符合规定，高峰时期的操作水平高。	10 8 6 4 2
⑬ 确保畅销餐品（招牌菜单）不会断货。	5 4 3 2 1
⑭ 培训有素的全体员工都能用心招待顾客（提供充满款待精神的服务）。	10 8 6 4 2
⑮ 员工的穿着打扮端正整洁（制服、发型、指甲、鞋、妆容等）。	5 4 3 2 1
⑯ 全员能面带笑容并以充满活力的声音喊出"欢迎光临""谢谢惠顾"。	5 4 3 2 1
⑰ 员工的说话用语和态度彬彬有礼。	5 4 3 2 1
⑱ 清洁到位，外部、前厅、后厨，所有地方均干净到反光。	10 8 6 4 2
⑲ 洗手间、后方区域、更衣室、垃圾箱等都得到了很好的整理整顿。	5 4 3 2 1
⑳ 认为好的事就迅速执行，如一年四季的展示及店内的细节改善等。	5 4 3 2 1

(3) 销售额、成本控制

项 目	得 分
㉑ 毫不懈怠地努力提升销售额,且数字正在提升。	10 8 6 4 2
㉒ 把顾客清单视为店铺的财产予以有效利用。	5 4 3 2 1
㉓ 企划、考察,并实施了促销活动。	5 4 3 2 1
㉔ 定期实施外销、法人营销等活动。	5 4 3 2 1
㉕ 对上个月的销售额、顾客数量、客单价进行了分析。	5 4 3 2 1
㉖ 按不同的日期和时间段对销售额、顾客数量进行了分析。	5 4 3 2 1
㉗ 成本率、损耗在基准以下。	5 4 3 2 1
㉘ 对人工费进行了合理的控制。	10 8 6 4 2
㉙ 控制了水、电、燃气费。	5 4 3 2 1
㉚ 对其他费用进行了控制,避免出现浪费、波动和失误。(P/L 分析)	5 4 3 2 1

(4) 员工的培训、沟通

项 目	得 分
㉛ 全体员工都知道本月的具体行动目标并积极实践（促销或推荐餐品等）。	10 8 6 4 2
㉜ 每天开展早会、晚会、结束会。	5 4 3 2 1
㉝ 开始工作前，全体员工呼喊待客用语、经营理念和店训等。	5 4 3 2 1
㉞ 员工的晋升制度在有效运行。	5 4 3 2 1
㉟ 前厅的员工具备充分的餐品知识。	5 4 3 2 1
㊱ 按照培训检查清单进行新人培训。	5 4 3 2 1
㊲ 每月一次召开全体会议。	5 4 3 2 1
㊳ 对前厅、后厨、管理三个团队分别召开会议。	5 4 3 2 1
㊴ 在指导过程中刚柔并济，采取严格与温和并行的态度。	5 4 3 2 1
㊵ 遵守与员工的约定。	5 4 3 2 1
㊶ 店铺内竞赛和表彰制度有效运行。	5 4 3 2 1
㊷ 与员工进行了充分的沟通交流。	5 4 3 2 1

（5）投诉处理、报联商（汇报、联系、协商）

项　目	得　分
㊸ 很少发生问题，投诉处理很恰当。	5 4 3 2 1
㊹ 制作投诉管理笔记并努力进行分析。	5 4 3 2 1
㊺ 切实执行对上级、部下的汇报、联系、商量。	5 4 3 2 1
㊻ 贯彻资金管理，努力防止问题发生。	5 4 3 2 1
㊼ 时刻注意设备、设施的安全与卫生管理。	5 4 3 2 1

（6）自我启发

项　目	得　分
㊽ 常读行业杂志、报纸、商务书籍等进行学习。	5 4 3 2 1
㊾ 积极参加店铺的宣讲、试吃等活动。	5 4 3 2 1
㊿ 创造人脉（良师、前辈、公司外友人等），持续学习。	5 4 3 2 1

得分统计

实力派店长	←	普通店长	→	需要努力的店长
300~250 分 A		249~200 分 B	199~150 分 C	1~149 分 D

我推测结果为 B 的店长可能是最多的。请发挥自己的优势，克服弱势，以实力派店长为目标努力吧！

面试问题清单

姓名 _____   年 月 日
男 年龄 ___ 岁 制服号码   面试者姓名
女 学生 ___ 年 S、M、L、LL

提问事项	回答

① 本次应聘本店的理由是什么？
　　　　　目的：_____
② 你是在哪里看到本店的招聘信息的？
③ （针对未成年人）你得到家人的同意了吗？
④ 迄今为止的打工、兼职经验与感想，以及时间和辞职的理由。
　　　_____年____个月
⑤ 你是否参加过俱乐部活动或社团活动？
　有没有什么兴趣和爱好？
⑥ 能够出勤的时间是？能干多久？
　　　星期一　星期二　星期三　星期四　星期五　星期六　星期日
⑦ 有时可能需要周末或休息日出勤，可以吗？
　　　可以　　　　不可以
⑧ （针对学生）长期休假的时候可以出勤吗？
　（回乡或社团活动等的日程）
　　　春假　　暑假　　寒假
⑨ 是否喜欢与人交谈、接待客人？喜欢烹饪吗？
　　　喜欢　　　讨厌
　　　职业种类_____
⑩ 通勤时间多久？使用什么交通工具？
　　　徒步　自行车　公交车　地铁　自驾
⑪ 健康状况是否良好？有没有什么宿疾？
⑫ 希望的月收入是多少？
　　　_____万日元左右

面试评价（用○圈出来）

外貌、服装、穿着打扮、妆容	优秀、一般、差
协作能力（能否保持和谐）	优秀、一般、差
态度、姿态、说话方式	优秀、一般、差
灵活性（能否迅速采取行动）	优秀、一般、差
对工作的积极性（表情）	优秀、一般、差
理解力（能否理解他人说的话）	优秀、一般、差
可持续性（动机）	优秀、一般、差
健康状态	优秀、一般、差

印象、点评

综合判断
　　　　A　B　C　D　E

・参考文献・

［1］『蘇る繁盛店』土屋光著、(株）テンポ

［2］『ホスピタリティ進化論』松坂健著、柴田書店　（加筆）

［3］月刊『飲食店経営』店舗運営チェック表　浅川明（参考加筆）

［4］『サービスの心理学』松村清著、商業界

［5］『クレーム対応の超技術』藤アリサ著、こう書房（加筆）

［6］『カリスマ教師の心づくり塾』原田隆史著、日本経済新聞出版社

［7］『EQ心の鍛え方』高山直著、東洋経済新報社

［8］『ほめ方、叱り方、教え方』加藤和昭著、経営実務出版

［9］『人の輝くサービス』黒石和宏著、ディスカバー・ト

ゥエンティワン

　［10］『エクセレント・リーダー』T. J. ピーターズ/N. K. オースティン著、大前研一訳，講談社文庫

　［11］『リーダーシップ・チャレンジ』ジェームズ・M・クーゼス、バリー・Z・ポズナー著、海と月社

　［12］『ウィニング勝利の経営』ジャック・ウェルチ著、日本経済新聞社

　［13］『サービス・マネジメント』カール・アルブレヒト/ロン・ゼンケ著、和田正春訳，ダイヤモンド社

　［14］『小売店の集客マニュアル』船井総合研究所編、PHP

　［15］『7つの習慣』スティーブン・R・コヴィー著、キングベアー出版　（修正加筆）

　［16］『ストア・コンパリゾン　店舗見学のコツ』渥美俊一/桜井多恵子著、実務教育出版

"服务的细节" 系列

书 名	ISBN	定 价
服务的细节：卖得好的陈列	978-7-5060-4248-2	26元
服务的细节：为何顾客会在店里生气	978-7-5060-4249-9	26元
服务的细节：完全餐饮店	978-7-5060-4270-3	32元
服务的细节：完全商品陈列115例	978-7-5060-4302-1	30元
服务的细节：让顾客爱上店铺1——东急手创馆	978-7-5060-4408-0	29元
服务的细节：如何让顾客的不满产生利润	978-7-5060-4620-6	29元
服务的细节：新川服务圣经	978-7-5060-4613-8	23元
服务的细节：让顾客爱上店铺2——三宅一生	978-7-5060-4888-0	28元
服务的细节009：摸过顾客的脚，才能卖对鞋	978-7-5060-6494-1	22元
服务的细节010：繁荣店的问卷调查术	978-7-5060-6580-1	26元
服务的细节011：菜鸟餐饮店30天繁荣记	978-7-5060-6593-1	28元
服务的细节012：最勾引顾客的招牌	978-7-5060-6592-4	36元
服务的细节013：会切西红柿，就能做餐饮	978-7-5060-6812-3	28元
服务的细节014：制造型零售业——7-ELEVEn的服务升级	978-7-5060-6995-3	38元
服务的细节015：店铺防盗	978-7-5060-7148-2	28元
服务的细节016：中小企业自媒体集客术	978-7-5060-7207-6	36元
服务的细节017：敢挑选顾客的店铺才能赚钱	978-7-5060-7213-7	32元
服务的细节018：餐饮店投诉应对术	978-7-5060-7530-5	28元
服务的细节019：大数据时代的社区小店	978-7-5060-7734-7	28元
服务的细节020：线下体验店	978-7-5060-7751-4	32元
服务的细节021：医患纠纷解决术	978-7-5060-7757-6	38元
服务的细节022：迪士尼店长心法	978-7-5060-7818-4	28元
服务的细节023：女装经营圣经	978-7-5060-7996-9	36元
服务的细节024：医师接诊艺术	978-7-5060-8156-6	36元
服务的细节025：超人气餐饮店促销大全	978-7-5060-8221-1	46.8元

书　　名	ISBN	定　价
服务的细节026：服务的初心	978-7-5060-8219-8	39.8元
服务的细节027：最强导购成交术	978-7-5060-8220-4	36元
服务的细节028：帝国酒店　恰到好处的服务	978-7-5060-8228-0	33元
服务的细节029：餐饮店长如何带队伍	978-7-5060-8239-6	36元
服务的细节030：漫画餐饮店经营	978-7-5060-8401-7	36元
服务的细节031：店铺服务体验师报告	978-7-5060-8393-5	38元
服务的细节032：餐饮店超低风险运营策略	978-7-5060-8372-0	42元
服务的细节033：零售现场力	978-7-5060-8502-1	38元
服务的细节034：别人家的店为什么卖得好	978-7-5060-8669-1	38元
服务的细节035：顶级销售员做单训练	978-7-5060-8889-3	38元
服务的细节036：店长手绘 POP引流术	978-7-5060-8888-6	39.8元
服务的细节037：不懂大数据，怎么做餐饮？	978-7-5060-9026-1	38元
服务的细节038：零售店长就该这么干	978-7-5060-9049-0	38元
服务的细节039：生鲜超市工作手册蔬果篇	978-7-5060-9050-6	38元
服务的细节040：生鲜超市工作手册肉禽篇	978-7-5060-9051-3	38元
服务的细节041：生鲜超市工作手册水产篇	978-7-5060-9054-4	38元
服务的细节042：生鲜超市工作手册日配篇	978-7-5060-9052-0	38元
服务的细节043：生鲜超市工作手册之副食调料篇	978-7-5060-9056-8	48元
服务的细节044：生鲜超市工作手册之POP篇	978-7-5060-9055-1	38元
服务的细节045：日本新干线7分钟清扫奇迹	978-7-5060-9149-7	39.8元
服务的细节046：像顾客一样思考	978-7-5060-9223-4	38元
服务的细节047：好服务是设计出来的	978-7-5060-9222-7	38元
服务的细节048：让头回客成为回头客	978-7-5060-9221-0	38元
服务的细节049：餐饮连锁这样做	978-7-5060-9224-1	39元
服务的细节050：养老院长的12堂管理辅导课	978-7-5060-9241-8	39.8元
服务的细节051：大数据时代的医疗革命	978-7-5060-9242-5	38元
服务的细节052：如何战胜竞争店	978-7-5060-9243-2	38元
服务的细节053：这样打造一流卖场	978-7-5060-9336-1	38元
服务的细节054：店长促销烦恼急救箱	978-7-5060-9335-4	38元

书 名	ISBN	定价
服务的细节 055：餐饮店爆品打造与集客法则	978-7-5060-9512-9	58 元
服务的细节 056：赚钱美发店的经营学问	978-7-5060-9506-8	52 元
服务的细节 057：新零售全渠道战略	978-7-5060-9527-3	48 元
服务的细节 058：良医有道：成为好医生的 100 个指路牌	978-7-5060-9565-5	58 元
服务的细节 059：口腔诊所经营 88 法则	978-7-5060-9837-3	45 元
服务的细节 060：来自 2 万名店长的餐饮投诉应对术	978-7-5060-9455-9	48 元
服务的细节 061：超市经营数据分析、管理指南	978-7-5060-9990-5	60 元
服务的细节 062：超市管理者现场工作指南	978-7-5207-0002-3	60 元
服务的细节 063：超市投诉现场应对指南	978-7-5060-9991-2	60 元
服务的细节 064：超市现场陈列与展示指南	978-7-5207-0474-8	60 元
服务的细节 065：向日本超市店长学习合法经营之道	978-7-5207-0596-7	78 元
服务的细节 066：让食品网店销售额增加 10 倍的技巧	978-7-5207-0283-6	68 元
服务的细节 067：让顾客不请自来！卖场打造 84 法则	978-7-5207-0279-9	68 元
服务的细节 068：有趣就畅销！商品陈列 99 法则	978-7-5207-0293-5	68 元
服务的细节 069：成为区域旺店第一步——竞争店调查	978-7-5207-0278-2	68 元
服务的细节 070：餐饮店如何打造获利菜单	978-7-5207-0284-3	68 元
服务的细节 071：日本家具家居零售巨头 NITORI 的成功五原则	978-7-5207-0294-2	58 元
服务的细节 072：咖啡店卖的并不是咖啡	978-7-5207-0475-5	68 元
服务的细节 073：革新餐饮业态：胡椒厨房创始人的突破之道	978-7-5060-8898-5	58 元
服务的细节 074：餐饮店简单改换门面，就能增加新顾客	978-7-5207-0492-2	68 元

书　　名	ISBN	定价
服务的细节075：让POP会讲故事，商品就能卖得好	978-7-5060-8980-7	68元
服务的细节076：经营自有品牌	978-7-5207-0591-2	78元
服务的细节077：卖场数据化经营	978-7-5207-0593-6	58元
服务的细节078：超市店长工作术	978-7-5207-0592-9	58元
服务的细节079：习惯购买的力量	978-7-5207-0684-1	68元
服务的细节080：7-ELEVEn的订货力	978-7-5207-0683-4	58元
服务的细节081：与零售巨头亚马逊共生	978-7-5207-0682-7	58元
服务的细节082：下一代零售连锁的7个经营思路	978-7-5207-0681-0	68元
服务的细节083：唤起感动	978-7-5207-0680-3	58元
服务的细节084：7-ELEVEn物流秘籍	978-7-5207-0894-4	68元
服务的细节085：价格坚挺，精品超市的经营秘诀	978-7-5207-0895-1	58元
服务的细节086：超市转型：做顾客的饮食生活规划师	978-7-5207-0896-8	68元
服务的细节087：连锁店商品开发	978-7-5207-1062-6	68元
服务的细节088：顾客爱吃才畅销	978-7-5207-1057-2	58元
服务的细节089：便利店差异化经营——罗森	978-7-5207-1163-0	68元
服务的细节090：餐饮营销1：创造回头客的35个开关	978-7-5207-1259-0	68元
服务的细节091：餐饮营销2：让顾客口口相传的35个开关	978-7-5207-1260-6	68元
服务的细节092：餐饮营销3：让顾客感动的小餐饮店"纪念日营销"	978-7-5207-1261-3	68元
服务的细节093：餐饮营销4：打造顾客支持型餐饮店7步骤	978-7-5207-1262-0	68元
服务的细节094：餐饮营销5：让餐饮店坐满女顾客的色彩营销	978-7-5207-1263-7	68元
服务的细节095：餐饮创业实战1：来，开家小小餐饮店	978-7-5207-0127-3	68元

书　名	ISBN	定价
服务的细节096：餐饮创业实战2：小投资、低风险开店开业教科书	978-7-5207-0164-8	88元
服务的细节097：餐饮创业实战3：人气旺店是这样做成的!	978-7-5207-0126-6	68元
服务的细节098：餐饮创业实战4：三个菜品就能打造一家旺店	978-7-5207-0165-5	68元
服务的细节099：餐饮创业实战5：做好"外卖"更赚钱	978-7-5207-0166-2	68元
服务的细节100：餐饮创业实战6：喜气的店客常来，快乐的人福必至	978-7-5207-0167-9	68元
服务的细节101：丽思卡尔顿酒店的不传之秘：超越服务的瞬间	978-7-5207-1543-0	58元
服务的细节102：丽思卡尔顿酒店的不传之秘：纽带诞生的瞬间	978-7-5207-1545-4	58元
服务的细节103：丽思卡尔顿酒店的不传之秘：抓住人心的服务实践手册	978-7-5207-1546-1	58元
服务的细节104：廉价王：我的"唐吉诃德"人生	978-7-5207-1704-5	68元
服务的细节105：7-ELEVEn一号店：生意兴隆的秘密	978-7-5207-1705-2	58元
服务的细节106：餐饮连锁如何快速扩张	978-7-5207-1870-7	58元
服务的细节107：不倒闭的餐饮店	978-7-5207-1868-4	58元
服务的细节108：不可战胜的夫妻店	978-7-5207-1869-1	68元
服务的细节109：餐饮旺店就是这样"设计"出来的	978-7-5207-2126-4	68元